HERDER / SPEKTRUM *MEISTERDENKER*

HERDER / SPEKTRUM

Das Buch

Martin Heidegger (1889–1976) – einige halten ihn für maßlos überschätzt, von anderen wird er als der führende europäische Philosoph betrachtet, der dem Denken völlig neuartige Impulse gegeben hat. Er ist sicher der Denker des 20. Jahrhunderts, an dem sich mehr als an jedem anderen die Gemüter spalten. Seine große Wirkung ist jedoch unbestritten. Michael Inwoods klare Einführung in Heideggers Denken stellt Heideggers wichtigstes Werk *Sein und Zeit* sowie seine zentralen Themen in den Mittelpunkt: In-der-Welt-sein, Uneigentlichkeit, Schuld, Schicksal, Wahrheit und das Wesen der Zeit. Diese Themen werden dann im Licht des späteren Werks Heideggers neu überdacht, vor allem in Beziehung zu Kunst, Dichtung und Sprache. Außerdem wird seine spätere Desillusionierung mit dem Nationalsozialismus deutlich. Ein brillanter Leitfaden durch das komplexe und umfangreiche Werk eines der größten und zugleich rätselhaftesten Philosophen des 20. Jahrhunderts.

Der Autor

Michael Inwood ist seit 1967 Professor am Trinity College in Oxford. Zu seinen Veröffentlichungen zählen mehrere Bücher über Hegel. 1992 erschien *A Hegel Dictionary*, und *A Heidegger Dictionary* wird in kürze erscheinen.

Michael Inwood

Heidegger

Aus dem Englischen
von David Bernfeld

Herder
Freiburg · Basel · Wien

Wissenschaftliche Beratung dieses Bandes:
Prof. Dr. Andreas Graeser

Dieser Band, zuerst auf englisch publiziert, erscheint mit freundlicher Genehmigung von Oxford University Press.

Deutsche Erstausgabe

Genehmigte Lizenzausgabe Panorama Verlag, Wiesbaden
Lektorat: Lukas Trabert
Satz: DTP-Studio Helmut Quilitz, Denzlingen
Druck und Bindung: GGP Media, Pößneck
Umschlaggestaltung: Joseph Pölzelbauer
Umschlagmotiv: Bildarchiv Herder
ISBN 3-926642-46-7

Inhalt

Zitatnachweise

Alle Seitennachweise zu *Sein und Zeit* (SuZ) beziehen sich auf die einheitliche Paginierung aller deutschen Ausgaben bei Niemeyer (Tübingen) bzw. in der Gesamtausgabe bei Klostermann (Frankfurt/M.).

Heideggers autobiographischer Abriß *Mein Weg in die Phänomenologie* (MWP) ist abgedruckt in: *Zur Sache des Denkens*, Niemeyer, Tübingen 1976.

Der Begriff der Zeit: Vortrag vor der Marburger Theologengesellschaft Juli 1924 wird nach der Ausgabe Niemeyer: Tübingen 1989 zitiert.

Der Ursprung des Kunstwerks (UK) (ursprünglich vorgetragen 1935–36) wird zitiert nach dem Abdruck in *Holzwege*, Frankfurt/M.: Vittorio Klostermann 1980.

Die seit 1975 erscheinende Gesamtausgabe (GA) wird mit Bandzahl und Seitenzahl zitiert. Auf folgende Bände wird Bezug genommen. Genannt wird (a) das Datum des ursprünglichen Vortrags und (b) das Erscheinungsdatum in der GA:

- 4 *Erläuterungen zu Hölderlins Dichtung:* (a) 1936–38; (b) 1981; zuerst jedoch veröffentlicht 1944 und in erweiterter Form 1971
- 6 *Nietzsche:* (a) 1936–37; (b) 1989
- 17 *Einführung in die phänomenologische Forschung:* (a) 1923–24; (b) 1994
- 20 *Prolegomena zur Geschichte des Zeitbegriffs:* (a) 1925; (b) 1979
- 21 *Logik. Die Frage nach der Wahrheit:* (a) 1925–26; (b) 1976
- 22 *Grundbegriffe der antiken Philosophie:* (a) 1926; (b) 1993
- 24 *Die Grundprobleme der Phänomenologie:* (a) 1927; (b) 1975

26 *Metaphysische Anfangsgründe der Logik im Ausgang von Leibniz:* (a) 1928; (b) 1978

29/30 *Die Grundbegriffe der Metaphysik. Welt – Endlichkeit – Einsamkeit:* (a) 1929–30; (b) 1983

31 *Vom Wesen der menschlichen Freiheit. Einleitung in die Philosophie:* (a) 1930; (b) 1983

40 *Einführung in die Metaphysik:* (a) 1935; (b) 1983

51 *Grundbegriffe:* (a) 1941; (b) 1981

58 *Grundprobleme der Phänomenologie:* (a) 1919–20; (b) 1993

60 *Phänomenologie des religiösen Lebens:* (a) 1918–21; (b) 1995

61 *Phänomenologische Interpretation zu Aristoteles. Einführung in die phänomenologische Forschung:* (a) 1921–22; (b) 1985

63 *Ontologie (Hermeneutik der Faktizität):* (a) 1923; (b) 1988

65 *Beiträge zur Philosophie (Vom Ereignis):* (a) geschrieben zwischen 1936 und 1938; (b) 1989.

1. Heideggers Leben

Heidegger war (möglicherweise zusammen mit Wittgenstein) der größte Philosoph des 20. Jahrhunderts. Er war (möglicherweise zusammen mit Hegel) der größte Scharlatan, der sich je die Bezeichnung „Philosoph“ angemaßt hat, ein Meister des leeren Tiefsinns. Er war ein überzeugter deutscher Hinterwäldler und zeitweise ein leichtgläubiger und wichtigtuerischer Nazi. Er war ein beißender, wenn auch notgedrungenerweise verdeckter Kritiker des Nationalsozialismus, ein hellsichtiger Analytiker der Gebrechen unserer Zeit, und auf ihm ruhten die größten Hoffnungen. Alle diese Behauptungen über Heidegger sind mehr oder minder überzeugend vertreten worden. Wer war dieser Mann, der so widersprüchliche Reaktionen hervorrief?

Martin Heidegger wurde am 26. September 1889 in der kleinen Gemeinde Meßkirch in Baden in Südwestdeutschland in eine arme katholische Familie geboren. Sein Vater Friedrich war Kellermeister und Küster der örtlichen Kirche. 1903 trat Martin, unterstützt durch ein Stipendium, in Konstanz in das Gymnasium ein; er wohnte in einem katholischen Internat und wurde auf das Priesteramt vorbereitet. 1906 wechselte er an ein Freiburger Gymnasium, wo ihm die Kirche freie Unterkunft und Verpflegung gewährte. Seiner eigenen Darstellung nach wurde hier sein Interesse an der Philosophie geweckt, und zwar durch Franz Brentanos Werk *Von der mannigfachen Bedeutung des Seienden nach Aristoteles* (1862); Brentano war einer der Vorläufer der phänomenologischen Bewegung. Später stieß er auf Carl Braigs *Vom Sein. Abriß der Ontologie* (1896), das Auszüge aus Aristoteles und mittelalterlichen Philosophen wie Thomas von

Aquin enthält (MWP, 81). 1909 verließ er das Gymnasium und wurde Jesuitennovize, was er aber wegen Herzproblemen und vielleicht auch einer mangelnden geistlichen Berufung wegen nur wenige Wochen lang blieb. Er schrieb sich an der Freiburger Universität in Theologie und scholastischer Philosophie ein. 1911 machte er eine Krise durch und brach seine Vorbereitung auf die Priesterlaufbahn ab, um sich dem Studium der Philosophie, der Geistes- und der Naturwissenschaften zuzuwenden. Um diese Zeit begann er, sich mit der modernen Philosophie zu beschäftigen, insbesondere mit Edmund Husserls *Logischen Untersuchungen.* Husserl war der führende Kopf der phänomenologischen Bewegung; sein Ziel war die systematische Erforschung unserer Bewußtseinsprozesse ohne Rücksicht auf deren außerbewußtseinsmäßige Ursachen und Folgen. Heidegger schloß sein Studium 1913 mit einer Doktorarbeit über *Die Lehre vom Urteil im Psychologismus* ab, eine Arbeit, in der er ganz im Geiste Husserls Versuche kritisierte, den logischen Begriff des Urteils psychologisch zu analysieren. Mit seiner Habilitation über *Die Kategorien- und Bedeutungslehre des Duns Scotus* (1915) erwarb er die akademische Lehrerlaubnis.

Heideggers akademische Karriere wurde durch den Ersten Weltkrieg unterbrochen. 1915 wurde er einberufen, jedoch als untauglich für Kampfeinsätze eingestuft und den Diensten für Post und Wetterbeobachtung zugeteilt. 1917 heiratete er die Protestantin Elfriede Petri, und kurz nach der Geburt ihres Sohnes Jörg im Januar 1919 verkündete er seinen Bruch mit dem „System des Katholizismus". Bei seiner Ausmusterung im Jahr 1918 war er Privatdozent und Assistent Husserls, der 1916 einen Ruf an die Freiburger Universität erhalten hatte. Heidegger wurde nun langsam als brillanter und hellsichtiger Lehrer berühmt. Seine Vorlesungen über Aristoteles, Paulus und Augustinus, über Phänomenologie, die Alltagswelt und den Menschen verschafften ihm den Ruf eines „heimlichen Königs" der Philosophie (Arendt). 1923 ging er als außerordentlicher Professor nach Marburg, wo er sich mit dem Theologen Rudolf Bultmann anfreundete und eine langjährige Beziehung zu Hannah Arendt aufnahm.

(Die Freundschaft und der Briefwechsel mit Karl Jaspers gehen schon auf das Jahr 1920 zurück.) In Marburg hielt er Vorlesungen über Aristoteles' *Rhetorik*, Platons *Sophistes*, die vorsokratische griechische Philosophie, Zeit und Wahrheit, und er bot Lehrveranstaltungen über Thomas von Aquin, Kant und Leibniz an. Jedoch hatte er zehn Jahre lang nichts publiziert. 1927 veröffentlichte er dann sein großes Werk *Sein und Zeit* im von Husserl herausgegebenen *Jahrbuch für Philosophie und phänomenologische Forschung* und zugleich als eigenen Band. Wie er selber berichtet, brachte er das Werk gerade zu diesem Zeitpunkt heraus, um den regierungsamtlichen Anforderungen für eine Anstellung als Ordinarius in Marburg zu genügen (MWP, 88). Im darauffolgenden Jahr trat er Husserls Nachfolge in Freiburg an. Seine Antrittsvorlesung von 1929 trug den Titel „Was ist Metaphysik?" – ein Thema, über das er im folgenden Wintersemester ausführlich las (und zwar auf seine eigentümliche Art; der größte Teil seiner Vorlesungen über „Die Grundbegriffe der Metaphysik" befaßt sich mit offensichtlich abseitigen Themen wie Langeweile und Insekten). Im gleichen Jahr führte er mit Ernst Cassirer eine öffentliche Debatte über die Philosophie Kants und veröffentlichte *Kant und das Problem der Metaphysik*. Er las auch über die deutschen Idealisten Schelling und Hegel, über das Höhlengleichnis in Platons *Politeia* und über die vorsokratischen Philosophen Anaximander und Parmenides. 1930 lehnte er einen Ruf nach Berlin ab. Heidegger war tief dem ländlichen Leben Süddeutschlands verbunden, den kleinen Städten, den Dörfern und der gebirgigen Landschaft dieser Region. Einen großen Teil seiner Schriften verfaßte er in einer Berghütte in Todtnauberg, die er sich 1923 gebaut hatte. Er mochte die großen Städte und ihr soziales und kulturelles Leben nicht.

Der Zeitraum von 1918 bis 1933, die Zeit der Weimarer Republik, war gekennzeichnet durch ein intensives kulturelles Leben, aber auch durch wirtschaftliche Schwierigkeiten und politische Unruhen. Im September 1930 wurde Adolf Hitlers Nationalsozialistische Deutsche Arbeiterpartei (NSDAP) zur zweitgrößten Partei Deutschlands, und am 30. Januar 1933 wurde Hitler zum Kanzler einer rechtsgerichteten Koalitionsregierung ernannt. Der Reichstagsbrand vom 27. Februar lieferte ihm einen Vorwand für den raschen Erlaß von Verordnungen, die der Nazipartei unumschränkte Macht gaben. Am 30. Juni 1934 ließ Hitler unter dem Vorwand eines Putschversuchs von Seiten Röhms die Führer der konkurrierenden SA und andere unliebsame Parteimitglieder wie Georg Strasser ermorden, der zum „linken Flügel" der Nazibewegung zählte und eher antikapitalistisch als antijüdisch oder antibolschewistisch eingestellt war. (Josef Goebbels hatte Strasser früher unterstützt, wurde aber 1926 von Hitler auf ein Programm eingeschworen, das auch die Bankiers und Industriellen unterstützen konnten.) Am 2. August 1934 wurde Hitler zum „Führer des Deutschen Reiches" ausgerufen.

In den zwanziger Jahren war Heidegger noch weitgehend unpolitisch gewesen, aber mit Beginn der dreißiger Jahre wurde er zu einem Sympathisanten der Nazibewegung. Am 21. April 1933 wurde er zum Rektor der Freiburger Universität gewählt, und am 1. Mai trat er der NSDAP bei. Am 27. Mai hielt er seine Rektoratsrede „Die Selbstbehauptung der Deutschen Universität", die bei aller Problematik zumindest frei von Antisemitismus ist. (Jedoch stellt Heidegger darin Arbeit, Wehrdienst und Erkenntnis als Pflichten des Studenten auf eine Stufe.) In seiner Rektoratszeit arbeitete Heidegger mit dem neuen Regime zusammen, während er zugleich bemüht war, einige der unangenehmeren Aspekte abzumildern. Er setzte sich bei der Volksabstimmung vom November 1933 für den Austritt Deutschlands aus dem Völkerbund ein. Konflikte mit Lehrkörper und Parteivertretern führten im April 1934 zu seinem Rücktritt als Rektor, und obgleich er Parteimitglied blieb, übernahm er keine bedeutende Rolle mehr in der Politik. Später sollte er behaupten, daß er seine Illusionen über den Nationalsozialismus nach dem Röhm-Putsch verloren hatte.

In den dreißiger Jahren veröffentlichte Heidegger nur wenig, aber er hielt weiter Vorlesungen, insbesondere über Kunst. 1935 sprach er in Freiburg über den „Ursprung des Kunstwerks". In Rom hielt er 1936 den ersten von vielen Vorträgen über Hölderlin, den schwierigen philosophischen Dichter, der im späten 18. Jahrhundert Hegels

Zimmernachbar im Tübinger Stift gewesen war. In Rom traf er auch Karl Löwith, seinen früheren Schüler, der jüdischer Abstammung war und später behauptet hat, daß Heidegger ein Anhänger des Nationalsozialismus geblieben war (vgl. Löwith, *Mein Leben in Deutschland vor und nach 1933*, Stuttgart 1986, 56–59). Im gleichen Jahr begann er mit seinen Vorlesungen über Nietzsche, die bis in die frühen vierziger Jahre hinein fortdauerten und 1961 veröffentlicht wurden. Heideggers Freunde behaupten, daß diese Vorlesungen eine verdeckte Kritik des Nationalsozialismus enthalten und versuchen, Nietzsche vor der Inanspruchnahme für rassistische Lehren und Praktiken zu retten. Zu dieser Zeit wurde Heidegger von der Gestapo überwacht. Ab 1938 spielte die Technik eine immer wichtigere Rolle in seinem Denken, was besonders deutlich wird in seiner Freiburger Vorlesung von 1938 über „Die Zeit des Weltbildes“ und in einem Seminar über Ernst Jüngers Buch „Der Arbeiter“. (Jünger war weder Nazi noch Antisemit, aber einige seiner Gedanken – wie der von der „totalen Mobilmachung“ – wurden von den Nazis übernommen.)

Heideggers Vorlesungen aus dieser Zeit spielen oft auf politische Ereignisse und später auch auf den Krieg an. Er bringt sie stets mit der „Seinsvergessenheit“ und der Technik in Verbindung. Die Absicht, ein Weltreich für Jahrtausende zu schaffen, sagt er, läßt eine Bevorzugung der Quantität vor der Qualität deutlich werden, die eigentlich schöpferischen Geistern wie den Griechen ganz fremd war. Die Errichtung von Weltreichen ist ihm zufolge nicht in erster Linie auf „Diktatoren“ oder „autoritäre Staaten“ zurückzuführen, sondern auf das „metaphysische Wesen der Moderne“, den Willen zur Naturbeherrschung (51, 17f.). Diese Verurteilung des Nationalsozialismus wurde 1941 ausgesprochen, dem Jahr, in dem Hitler auf dem Höhepunkt seiner Macht stand.

Im Herbst 1944 wurde Heidegger (erniedrigenderweise) zum Volkssturm eingezogen, um beim Ausheben von Panzergräben am Rhein zu helfen. Anfang 1945 ging er nach Meßkirch, um seine Manuskripte zu ordnen und in Sicherheit zu bringen. Zwei Monate nach dem Zusammenbruch Hitlerdeutschlands, im Juni 1945, erschien er in Freiburg vor der „Entnazifizierungs-Kommission". Einige Offiziere der französischen Besatzungskräfte nahmen Kontakt zu ihm auf, und ein Treffen mit seinem langjährigen Bewunderer Jean-Paul Sartre wurde verabredet. Die Begegnung kam nicht zustande, aber Heidegger wechselte Briefe mit Sartre und freundete sich mit Jean Beaufret an, dem treuesten der französischen Heideggerianer. 1946 erhielt er ein Lehrverbot, das 1949 wieder aufgehoben wurde. Er durfte nach der teilweisen Beschlagnahmung seines Hauses aber seine Bibliothek behalten, und die Universität erkannte ihm den Status eines emeritierten Professors zu. Diese Entscheidung wurde sowohl von der Universitätsleitung wie von den zuständigen französischen Behörden befürwortet; sie stützte sich zum Teil auf ein Gutachten seines alten Freundes Jaspers.

Heidegger fing schon bald wieder an, Vorträge zu halten und zu veröffentlichen. Vor einer kleinen Zuhörerschaft trug er 1946 anläßlich von Rilkes zwanzigstem Todestag „Wozu Dichter?" vor. Er veröffentlichte den „Brief über den Humanismus" (1947), ursprünglich an Beaufret gerichtet, in dem er seine eigene Philosophie vom französischen Existentialismus abgrenzte. Im Dezember 1949 hielt er im Bremer Club vier Vorträge, von denen einer, „Das Ding", 1950 auch vor der Bayerischen Akademie der Schönen Künste gehalten wurde. Er erneuerte alte Freundschaften: Hannah Arendt besuchte ihn 1950, und sein Briefwechsel mit ihr und mit Jaspers wurde wieder aufgenommen. Einen weiteren Vortrag mit dem Titel „Die Frage nach der Technik" hielt er 1953 vor der Bayerischen Akademie. In Cérisy-la-Salle spracht er 1955 zur Frage „Was ist Philosophie?", ein Vortrag, dem 1957 in Aix-en-Provence „Hegel und die Griechen" folgte; hier freundete er sich auch mit René Char an. An seinem 70. Geburtstag im Jahr 1959 wurde er zum Ehrenbürger von Meßkirch ernannt. 1962 besuchte er zum ersten Mal Griechenland; 1967, bei seinem zweiten Besuch, hielt er vor der Akademie der Wissenschaften und Künste in Athen einen Vortrag zum Thema „Die Quelle der Kunst und der Ruf des Denkens". Zwischen 1966 und 1973 hielt er in Le Thor in der Provence, später dann in Zähringen eine Reihe von Seminaren ab. In einem Interview mit dem *Spiegel* versuchte er 1966, sein Verhalten während der Nazizeit zu rechtfertigen. Dieses Gespräch wurde nach seinem Tod im Jahre 1976 unter der Überschrift „Nur noch ein Gott kann uns retten" veröffentlicht. Der Satz fällt auch im Interview und gemahnt an ein Gedicht Hölderlins, in dem es heißt: „Da ich ein Knabe war, / Rettet' ein Gott mich oft / Vom Geschrei und der Ruthe der Menschen".

Nach dem Krieg hatte Heidegger kontinuierlich Texte veröffentlicht, bei denen es sich meistenteils um Überarbeitungen seiner Vorlesungen handelte. Ganz zu Ende seines Lebens half er bei der Vorbereitung der Gesamtausgabe seiner Werke, die sowohl Transkriptionen seiner Vorlesungen als auch alle bis dahin veröffentlichten Texte enthalten sollte. Er machte seinen Wunsch deutlich, daß keiner der in seinen Vorlesungen entwickelten Gedanken verlorenginge. 1975 erschien der erste Band der Gesamtausgabe seiner Werke: die Marburger Vorlesungen über „Die Grundprobleme der Phänomenologie" aus dem Sommersemester 1927. (Die Ausgabe ist noch nicht abgeschlossen, sie soll etwa 100 Bände umfassen.)

Heidegger starb am 26. Mai 1976 und wurde am 28. Mai auf dem Friedhof von Meßkirch neben seinen Eltern beigesetzt. Zu seinem Gedächtnis wurde eine katholische Messe gelesen. Der Priester, sein Neffe Heinrich Heidegger, zitierte Jeremias 1, 7: „Da sprach Jahwe zu mir: Sag nicht: ‚Ich bin zu jung.' Sondern: wohin immer ich dich sende, dahin wirst du gehen, und was immer ich dich heiße, das wirst du reden."

Heideggers Leben ist die faszinierende Geschichte eines Menschen, der unterwegs war, und seiner Rückkehr, aber eigentlich interessant wird es erst als das Leben eines Denkers. Niemand würde sich über die Einzelheiten von Heideggers politischen Aktivitäten aufregen, und erst recht würde sich niemand mit seinen religiösen Überzeugungen oder seinem Privatleben beschäftigen, wäre er nicht ein bedeutender Philosoph. Und seiner Philosophie wenden wir uns nun zu.

2. Heideggers Philosophie

Seine Bewunderer streiten darüber, ob Heidegger ein zweites Hauptwerk geschrieben hat; genannt werden anläßlich dieser Frage u. a. die Nietzsche-Vorlesungen und die zwischen 1936 und 1938 skizzierten, aber erst 1989 veröffentlichten *Beiträge zur Philosophie (Vom Ereignis).* Allgemeine Übereinstimmung herrscht jedoch darüber, daß er *ein* wirklich großes Werk verfaßt hat: *Sein und Zeit.*

Sein und Zeit hält den Vergleich mit Hegels *Phänomenologie des Geistes,* wenn nicht sogar mit Platons *Politeia* oder Kants *Kritik der reinen Vernunft* aus. Es ist die bei weitem einflußreichste seiner Schriften: Theologen, Psychologen und Soziologen ließen sich von diesem Werk ebenso anregen wie Philosophen. *Sein und Zeit* zieht die Summe aus Heideggers Studien, Vorlesungen und Gedanken des vorangegangenen Jahrzehnts und weist auf sein späteres Werk voraus, das bei allen beträchtlichen Unterschieden ohne *Sein und Zeit* gar nicht zu verstehen ist. Zugleich ist es eines der schwierigsten Bücher, die je geschrieben wurden. Sowohl seine Gesamtstruktur wie seine Sprache stellen den Leser vor große Probleme.

Der Gedankengang des Werks läßt sich ganz grob etwa so angeben: Es ist von großer Wichtigkeit, die Frage zu stellen: „Was ist Sein?", eine Frage, die vor langer Zeit gestellt, dann aber vergessen wurde. Um diese Frage stellen zu können, müssen wir ein bestimmtes Sein oder Seiendes betrachten, und dabei liegt die Wahl des menschlichen Seienden oder des „Daseins" auf der Hand, denn dieses ist das Seiende, das selbst die Frage stellt und über ein vorbegriffliches Verständnis des Seins verfügt, das uns, mit Vorsicht genutzt, einer Antwort auf unsere Frage näherbringt. Der erste Abschnitt des

Werks ist deshalb einer „vorbereitenden Fundamentalanalyse des Daseins" gewidmet, die davon ausgeht, daß Dasein wesentlich „In-der-Welt-sein" und daß sein Sein wesentlich „Sorge" ist. Im zweiten Abschnitt wird dann ein Thema eingeführt, das im ersten schon präsent war, aber noch nicht ausdrücklich behandelt wurde: die Zeitlichkeit des Daseins. Dasein ist wesentlich zeitlich: Es schaut auf seinen eigenen Tod voraus, es überblickt sein Leben als Ganzes, es ist wesentlich geschichtlich. Das Sein des Daseins ist im Tiefsten mit der Zeitlichkeit verbunden. Ursprünglich sollte *Sein und Zeit* einen dritten Abschnitt enthalten, der sich, unabhängiger vom Dasein, mit der Frage des Seins als solchem und seinem Verhältnis zur Zeit befassen sollte. Dieser Abschnitt ist nie erschienen, aber im Vorwort zur 7. Auflage von *Sein und Zeit* (1953) verweist uns Heidegger auf seine *Einführung in die Metaphysik* (zuerst veröffentlicht 1953, sie geht jedoch zurück auf Vorlesungen von 1935; jetzt GA 40), wo er den Gegensatz von Sein einerseits und Werden, Erscheinen, Denken und Sollen andererseits erörtert. (In einer Randbemerkung seines Exemplars von *Sein und Zeit* verweist er auf *Die Grundprobleme der Phänomenologie* (1927, 1975) als Ersatz für den fehlenden dritten Abschnitt. Dieses Werk ist seinerseits unvollständig; in ihm wird nur gut die Hälfte der angekündigten Themen diskutiert.) *Sein und Zeit* sollte ursprünglich auch einen zweiten Teil in drei Abschnitten erhalten, die sich mit Kant, Descartes und Aristoteles befassen sollten. (Heidegger geht in der Geschichte der Philosophie gern rückwärts: das Werk eines Philosophen wird demaskiert und enthüllt so das des Vorgängers, von dem ein Denker abhängt, und dieses Werk wird seinerseits einer Demaskierung unterworfen...) Auch dieser geplante zweite Teil ist nie erschienen, aber Heideggers andere Werke und Vorlesungen vermitteln ein besseres Bild von seinem beabsichtigten Inhalt, als wir es für den fehlenden Abschnitt des ersten Teils erschließen können.

Schon dieser ganz kurze Überblick über *Sein und Zeit* wirft eine Reihe von Fragen auf. Was ist die Seinsfrage, und weshalb ist es so wichtig, sie zu stellen? Was ist das Dasein, und in welchem Verhältnis steht es zur Seinsfrage? Wie und weshalb ist das Dasein in der Welt? Weshalb sind Zeit und Zeitlichkeit so entscheidend für das Dasein und sein Sein? Was wollte Heidegger in den fehlenden Abschnitten von *Sein und Zeit* sagen, und wie, falls überhaupt, hängt das hier ungesagt Gebliebene mit dem zusammen, was er in seinen späteren Werken ausführt? Diesen und weiteren Fragen werden wir in den folgenden Kapiteln nachgehen.

3. Sein

Warum Sein? Der Ausdruck „Sein“ steht einer Reihe anderer Begriffe gegenüber, in erster Linie „Erkenntnis“ und „Wissenschaft“. Viele Philosophen zu Heideggers Zeit und vorher, insbesondere diejenigen, die sich auf Kant beriefen, beschäftigten sich in erster Linie mit der Epistemologie oder Erkenntnistheorie und stellten Fragen wie „Was können wir wissen?“ und „Welches sind die Grundlagen der Wissenschaften?“ Heidegger stand der Erkenntnistheorie ablehnend gegenüber, die, wie er sagt, „ständig das Messer schleift, ohne je zum Schneiden zu kommen“ (68,4). Erkenntnis und insbesondere die systematische wissenschaftliche Erkenntnis setzt eine Beziehung, das Erkennen, zwischen einem Erkennenden auf der einen und einem Gegenstand der Erkenntnis oder einer Reihe von Gegenständen auf der anderen Seite voraus. Heideggers Vorbehalte gegenüber der Epistemologie betreffen jedes dieser drei Elemente.

Nehmen wir zuerst den Erkennenden. Was ist er? Ist er ein reines, ganz in der interesselosen theoretischen Erkenntnis seines Gegenstandes aufgehendes Subjekt, oder ist er ein interessegebundenes menschliches Wesen an einem bestimmten Ort zu einem bestimmten Zeitpunkt, das noch viele weitere Beziehungen und Einstellungen gegenüber vielen anderen Gegenständen als denen seiner Wissenschaft hat? Nehmen wir zweitens die Erkenntnisbeziehung. Weshalb Erkennen oder Wissen? Erkennen ist nur eine von vielen Beziehungen, die wir zu den Dingen der Welt aufnehmen können; sie ist nicht die erste Beziehung, die wir ihnen gegenüber aufnehmen; sie ist vielmehr eine ziemlich späte und nur sporadisch aufgenommene, und es ist auch nicht die naheliegendste Haltung, die wir etwa gegenüber unserem Ehepartner oder gegenüber unserem Hausschlüssel einnehmen. Wie verhält sich das Erkennen zu jenen anderen Einstellungen gegenüber Dingen? Und worin besteht Erkennen? Wir neigen dazu, Erkennen als etwas Einheitliches zu betrachten, als hätten wir über Elektronen genau dieselbe Art von Wissen wie über geschichtliche Ereignisse. Und wenn uns auffällt, daß dem nicht so ist, sind wir versucht – wie Descartes –, eine ideale Form der Erkenntnis anzunehmen, die uns sichere Ergebnisse garantiert, z. B. über die Dimensionen und Bewegungen von Materieteilchen. Aber für historische Ereignisse und andere Dinge funktioniert das nicht, und sie werden denn auch aus dem Bereich der wißbaren Dinge ausgeschlossen. Wenn wir dieses Vorgehen ablehnen, dann wird uns klar, daß der richtige Erkenntniszugang zu einer ganzen Reihe von Gegenständen zum Teil auf der Natur oder dem Sein dieser Gegenstände beruht. Um geschichtliche Ereignisse wissen wir auf die eine, um Elektronen auf eine ganz andere Art: Wir durchforsten keine alten Urkunden, um etwas über Elektronen zu lernen, und wir versuchen nicht, Napoleon in einem Labor aufzuspüren. Das liegt daran, daß geschichtliche Ereignisse eine andere Art von Gegenstand sind als Elektronen. Bevor wir uns also mit der Erkenntnis beschäftigen können, müssen wir uns mit der Natur oder dem Sein des Erkenntnisgegenstandes befassen.

Gegenstände oder Seiende fallen in verschiedene Klassen: Zahlen, Pflanzen, Sterne, Tiere usw. Eine bestimmte Klasse von Gegenständen ist oftmals einer bestimmten Wissenschaft zugeordnet. Der Astronom studiert die Sterne, der Botaniker die Pflanzen usf. Wenn der Philosoph sich eher mit dem Sein als mit der Erkenntnis befaßt, sollte er dann auch die Sterne und die Pflanzen studieren und sich dabei vom Wissenschaftler bloß durch die Breite und Allgemeinheit seiner Erkenntnis unterscheiden, die dann entsprechend oberflächlich ausfällt? Nein. Damit hätte der Philosoph nicht nur einen niedrigeren Status, als Heidegger ihm würde zusprechen wollen, sondern damit würde auch eine grundlegendere Frage verfehlt, die die Gegenstände der Wissenschaften betrifft. Wie kommen wir überhaupt dazu, die Welt des Seienden in dieser Weise aufzuteilen? Die Welt präsentiert sich nicht von selbst in einer für die Wissenschaften praktischen Einteilung. Wenn zwei Liebende Hand in Hand unter einem klaren Sternenhimmel über eine Wiese gehen, dann sehen sie sich und die sie umgebenden Dinge nicht als Gegenstände der Geologie, der Botanik, der Meteorologie, selbst wenn sie selber etwa Geologen von Beruf sind. Früher gab es die strengen Grenzen zwischen den Wissenschaften und ihren Gegenstandsbereichen nicht. Selbst heute müssen sich Wissenschaftler manchmal umorientieren: Sie legen die Grenzen ihrer Gegenstandsbereiche neu fest, entwickeln neue Auffassungen über das, was innerhalb dieser Grenzen liegt, verlassen alte und eröffnen neue Erkenntniswege. Was tut ein solcher Wissenschaftler anderes, als auf das Seiende eine Auffassung vom Sein zu projizieren – eine Projektion, die letztlich der Arbeit jeder Wissenschaft zugrunde liegt?

Daraus ergibt sich jedoch ein weiteres Problem. Wenn der Wissenschaftler, zumindest der nachdenkliche, innovative, Überlegungen über das Sein seiner Gegenstände anstellt, was bleibt dann dem Philosophen noch zu tun? Weshalb überlassen wir diese Frage nicht einfach dem Wissenschaftler? Aus einem ganz bestimmten Grund nicht, sagt Heidegger: Weil es dem Wissenschaftler nämlich nur um eine unter verschiedenen „Regionen" von Seiendem geht. Als Wissenschaftler ignoriert er den Hintergrund, vor dem seine Projektion stattfindet: Die Gegenstände, die er den anderen Wissenschaften überläßt, und die alltäglichen Gebrauchsgegenstände, auf die wir uns in unserem Alltagsleben verlassen, die aber den theoretischen Wissenschaften völlig entgehen. Ganz zu schweigen von der Natur des Seins als solchem oder einem vorläufigen Gesamtverständnis des Seins, das ihm erst erlaubt, ein bestimmtes Seinsgebiet für sich abzugrenzen.

Die mannigfachen Bedeutungen des Seins

Heidegger hat uns vielleicht davon überzeugt, uns eher auf Seiendes als auf unser Wissen um Seiendes oder auf die Wissenschaften zu konzentrieren. Aber „Sein“ steht für Heidegger nicht nur in einer Kontrastbeziehung zur Erkenntnis, sondern auch zu „Seiendem“ oder Entitäten. Weshalb Sein eher als Seiendes? Wir wissen schon lange, daß das Verb „sein“ unterschiedlich gebraucht wird oder mehrere Bedeutungen hat: Es betrifft die Existenz, dient als Prädikat und fungiert als das „ist“ der Identität. Weshalb sollten wir hier eine Frage, die für die Wissenschaften von zentraler Bedeutung ist, oder gar die hauptsächliche, vielleicht einzige eigentlich philosophische Frage sehen? Der Wissenschaftler kann befinden, *daß* bestimmte Entitäten sind (das „ist“ der Existenz) und *was* sie sind (das prädikative „ist“). Was soll er oder der Philosoph noch weiter mit dem Sein zu schaffen haben? Aber Sein, argumentiert Heidegger, ist gar nicht die dünne und reizlose Angelegenheit, als die sie sich uns nun einmal darstellt. Um zu sehen, warum dies so ist, müssen wir die „mannigfachen Bedeutungen des Seins“ betrachten, die Heidegger in Brentanos Buch über Aristoteles und später bei Aristoteles selbst erörtert fand.

Nach Aristoteles ist das Verb „sein“ vieldeutig. Wenn wir sagen, etwas sei (dies oder das oder so oder so), dann können wir damit meinen, daß es wirklich oder potentiell (dies oder das oder so oder so) ist. (Für Aristoteles geht die Wirklichkeit logisch der Möglichkeit voraus.) „Sein“ bedeutet manchmal auch „wahr sein, der Fall sein“. Vor allem ist aber die Bedeutung von „sein“ verschieden je nach der Kategorie von Seiendem, auf die das Verb angewandt wird. Aristoteles führt zehn Kategorien an, von denen die grundlegendste die Substanz ist, während das Seiende unter den anderen Kategorien – Qualität, Quantität, Relation usf. – in seinem Sein von den Substanzen abhängt. Alles, was ist, fällt unter die eine oder andere dieser Kategorien, so daß die Kategorien Klassen oder Gattungen von Entitäten bilden. Die Kategorien selbst sind nach Aristoteles die höchsten Gattungen, die es gibt. Das Seiende als ganzes macht keine Gattung aus, weil „sein“ mehrdeutig ist. Am deutlichsten wird das vielleicht, wenn wir bedenken, daß eine Substanz, z. B. ein Pferd, einfach *ist*, während eine Qualität, wie z. B. seine braune Farbe, die Farbe *des* Pferdes ist; ihr Sein hängt also ab vom Sein der Substanz, zu der sie gehört. Ein mehrdeutiger Ausdruck kann keine Gattung eingrenzen; so bilden z. B. Pferde als Tierart eine einzige Gattung, aber nehmen wir das Wort „Pferd“ in seiner vollen Bedeutungsweite und beziehen es auch auf Schaukelpferde, Stoffpferde und Langpferde, dann haben wir keine eigentliche Gattung mehr, sondern eine bloße Ansammlung von Seiendem, das durch nichts anderes als durch ein vieldeutiges Wort miteinander verbunden ist. Der Unterschied zwischen „Pferd“ und „Sein“ besteht in folgendem: Die verschiedenen Bedeutungen von „Pferd“ hängen nicht wesentlich miteinander zusammen, sondern nur durch historische Zufälle und oberflächliche Ähnlichkeiten, während die verschiedenen Bedeutungen von „Sein“ systematisch und wesentlich miteinander verbunden sind und, wie Aristoteles manchmal sagt, eine Einheit der „Analogie“ besitzen. Jedenfalls ist Sein in seinen verschiedenen Bedeutungen hinreichend einheitlich, um einen einzigen Fragegegenstand, wenn nicht sogar eine Gattung zu bilden, was für die verschiedenen Arten von „Pferd“ nicht zutrifft.

Im Verlauf seiner späteren Geschichte erfuhr das Wort „Sein“ Erweiterungen und Verfeinerungen, z. B. die mittelalterliche Unterscheidung zwischen Sein als Essenz und Sein als Existenz, die bei Aristoteles noch nicht klar zutage tritt. Doch ist damit auch schon die Bühne für Heidegger bereitet. Er stimmte mit Aristoteles darin überein, daß es verschiedene Arten von Sein gibt, wenn nicht sogar genau unterschiedene Bedeutungen von „sein“. Neben dem „daß“-Sein (der Tatsache, *daß* etwas ist) und dem „was“-Sein (was dieses Etwas ist) führt er einen dritten Terminus ein: das „wie“-Sein, den Modus oder die Art des Seins eines Seienden. Wenn wir einen Augenblick innerhalb der Grenzen der aristotelischen Kategorien bleiben, dann haben wir zunächst die Tatsache, daß Pferde existieren, zweitens jene Züge des Pferdes, die es von anderen Tieren und allgemein von anderen

Substanzen unterscheiden, und schließlich seinen Seinsmodus, die Tatsache, daß es eine Substanz ist und kein Seiendes in einer anderen Kategorie. Oder, um einen Fall zu betrachten, der über die Schranken der aristotelischen Kategorien hinausweist: Während der Mathematiker das „Was" der Zahlen untersucht und Fragen stellt wie: „Ist jede gerade Zahl die Summe zweier Primzahlen?", fragt der Philosoph nach dem Sein der Zahlen, danach, wie sie sind oder welches ihre Seinsart ist (vgl. 22, 8, 43; 20, 149). Er mag, wie Husserl, antworten, daß Zahlen weder physikalische noch psychologische Entitäten sind, daß sie eher „ideal" als „real" sind. In diesem Fall ist der Modus ihres Seins eher einer der Idealität denn einer der Realität.

Heidegger versus Aristoteles

Was blieb nach Aristoteles' intensivem Nachdenken sowie dem seiner Nachfolger über die Seinsfrage für Heidegger überhaupt noch zu tun? Heidegger hat oft gesagt, der Philosoph solle keine Lehrmeinungen hinnehmen, die zu Dogmen erstarrt seien, selbst wenn sie zufällig wahr sind; vielmehr müsse er zu der Quelle zurückgehen, denen eine Lehrmeinung ursprünglich entstammt, und sie aufs neue durchdenken. Doch wird ein solches Überdenken unvermeidlich die übernommenen Lehren bis zu einem gewissen Grade abwandeln. Und in diesem Fall ist Heidegger gleich in mehreren Punkten nicht mit Aristoteles einverstanden. Insbesondere geht Aristoteles trotz seiner Vielzahl von Kategorien davon aus, daß das Sein des eigentlich existierenden Seienden immer ein und dasselbe ist, daß alles – Gott, Menschen, Pflanzen, Tiere, Statuen und Kieselsteine – eine Substanz mit Qualitäten, einer Quantität, Relationen usf. ist. Alles Seiende wird als vorhanden betrachtet, als Objekt einer neutralen Beschreibung. In *SuZ* wird Heidegger ausführen, daß sich die Sache in Wahrheit ganz anders verhält. Ein Hammer beispielsweise ist angemessen zu betrachten als Gebrauchsgegenstand, der bestenfalls als „zu schwer", „genau richtig" usw. beschrieben werden kann, nicht aber in

Begriffen seiner physikalischen Dimensionen und Eigenschaften. Das Unterpfand, das ein Liebender seiner Geliebten überreicht, ist eine Blume, keine Pflanze, kein Objekt der Botanik. Selbst Philosophen, die einen Unterschied zwischen verschiedenen Arten von Seiendem zu machen scheinen, gleichen bei genauerem Hinsehen das Sein dieses unterschiedlichen Seienden doch wieder einem einzigen Muster an. Descartes beispielsweise unterschied scharf zwischen *res cogitans*, dem denkenden Ding oder der denkenden Substanz, und *res extensa*, dem ausgedehnten Ding oder der ausgedehnten Substanz. Aber damit gleicht er nicht bloß das Sein von Werkzeugen dem Sein von Planeten an, die beide im Grunde nichts als ausgedehnte Dinge sind; er macht auch in Wahrheit keinen Unterschied zwischen dem Sein des denkenden und dem Sein des ausgedehnten Dings, denn beide sind gleichermaßen Dinge mit einem wesentlichen, wenn auch je anderen Attribut. Könnten wir nicht sagen: Alles, was ist oder existiert, ist oder existiert auf die gleiche Weise? Bedeutet existieren, Träger von Prädikaten zu sein (oder des „Wertes einer Variablen“)? Und tragen Entitäten, die anscheinend auf verschiedene Weise sind, einfach nur verschiedene Prädikate? Aber nicht alles, würde Heidegger darauf entgegnen, ist überhaupt ein Träger von Prädikaten, und dies annehmen heißt bereits, eine versteckte Vereinheitlichung des Seins einführen.

Weshalb neigen Philosophen nun zu einer solchen Vereinheitlichung des Seins des Seienden? Ein Grund hierfür, sagt Heidegger, liegt darin, daß sie immer nur ein bestimmtes Seiendes oder eine bestimmte Art von Seiendem ins Auge fassen und dabei den Zusammenhang nicht beachten, in den dieses Seiende eingebunden ist. Es ist z. B. viel leichter, einen Hammer als vorhanden zu sehen, als Ding mit gewissen Eigenschaften oder als Träger von Prädikaten, wenn man den in seine Arbeit versunkenen Tischler ignoriert, der mit diesem Hammer einen Nagel einschlägt. Wir dürfen also nicht bloß das Sein des Seienden in der Welt in Erwägung ziehen, sondern müssen auch auf das Sein der Umgebung dieses Seienden achten und letztendlich auf das Sein der Welt als ganzer. Wir müssen auch das Sein *als solches* betrachten, um zu begreifen, weshalb es sich in verschiedene Arten verzweigt.

Heidegger wendet sich aber nicht gleich dem Seienden als ganzem oder dem Sein als solchem zu, sondern zunächst dem menschlichen Sein, dem Dasein.

4. Dasein

Philosophen haben oft mit gutem Grund menschliches Sein in den Mittelpunkt ihres Nachdenkens gestellt. Von einem Erkenntnistheoretiker, der fragt: „Was kann ich wissen?“, kann man erwarten, daß er etwas über den Status des Wissenden zu sagen hat. Für einen Phänomenologen wie Husserl muß der Mensch offensichtlich im Zentrum stehen, wenn es um die Erforschung der Beziehung zwischen dem „transzendentalen“ Ego, dem Subjekt oder Bewußtsein auf der einen und seinen Gegenständen auf der anderen Seite geht. (Heidegger kritisiert diese Philosophen oft dafür, daß sie *zuwenig* über das Sein des Subjekts sagen.) Wenn es uns aber um das Sein und das Seiende geht, scheint das menschliche Sein keine privilegierte Stellung einzunehmen. Das menschliche ist ein Seiendes unter anderen. Weshalb sollten wir überhaupt mit einem ganz bestimmten Seienden beginnen, und weshalb gerade mit dem Dasein? Sicher, Aristoteles war der Auffassung, daß die Erforschung des Seins mit einer exemplarischen Art von Sein zu beginnen hat, nämlich der Substanz, und mit dem exemplarischen Vertreter dieser Art, nämlich Gott. Aber Heidegger lehnt die Verknüpfung von Ontologie und Theologie, die Aristoteles auf diese Weise herstellte, ab. Und er sagt auch nicht, jedenfalls nicht ausdrücklich, daß das Dasein ein exemplarisches oder paradigmatisches Seiendes ist. Er sagt vielmehr, daß es das Dasein ist, das die Frage stellt: „Was ist Sein?“ Nun können wir sofort einwenden, daß überhaupt nur das Dasein Fragen stellen kann. Sollen wir demnach etwa annehmen, daß wir zur Beantwortung z. B. der Frage „Welches sind die Paarungsgewohnheiten der Giraffe?“ zunächst das Sein des menschlichen Seienden untersuchen müssen, das diese Frage stellt? In gewisser Weise müssen wir das tatsächlich. Denn um beliebige Fragen zu stellen und sich an die Beantwortung zu machen, brauchen wir ein Vorverständnis – wie vage dieses auch sein mag – des Fragegegenstandes und der Richtung, in der die Antwort zu suchen ist. Im genannten Fall müssen wir zumindest wissen, daß die Bedeutung des Wortes „Giraffe“ in einem Wörterbuch oder Lexikon zu finden ist, und sehr wahrscheinlich wissen wir sogar noch mehr als das, wenn die Frage uns zu interessieren vermag. Unser Vorverständnis von Giraffen ist für sich genommen jedoch nicht besonders interessant, und nachdem es uns eine erste Orientierung ermöglicht hat, ist es auch für die aufgeworfene Frage nicht mehr besonders wichtig.

Auf ähnliche Weise besitzt nun das Dasein ein Vorverständnis des Seins. Wäre dem nicht so, dann könnten wir die Frage „Was ist Sein?“ überhaupt nicht verstehen und noch weniger mit der Suche nach einer Antwort beginnen. In der Tat verfügen alle Menschen, auch diejenigen, die diese Frage gar nicht stellen, über ein gewisses Verständnis des Seins; sonst könnten sie sich nicht einmal mit Seiendem beschäftigen, auch mit sich selbst nicht. (Heidegger zieht in seinen veröffentlichten Werken Kleinkinder nicht in Betracht, aber zweifellos würde er sagen, daß ein Kind, das durch Interaktion mit anderen Seienden lernen kann, schon über ein implizites Seinsverständnis verfügen muß. Und er würde wohl auch zustimmen, daß wir Kindheit vor dem Hintergrund eines vollen Daseinsverständnisses nur als ein noch nicht Erwachsensein verstehen können.) Ein solches Verständnis ist keine ausdrückliche begriffliche Erklärung des Seins, wie der Philosoph sie anstrebt, und es muß auch kein einwandfreies Verständnis sein. Es ist verschiedenen Arten des Irrtums ausgesetzt. Aber wir können dieses Vorverständnis nicht (wie im Fall der Giraffen) nach einer ersten Orientierung einfach beiseite lassen, um uns auf die Suche nach dem wirklichen Gegenstand zu machen, vielleicht gar in der Hoffnung, etwaige Irrtümer unseres vorläufigen Verständnisses korrigieren zu können, wenn wir dem Sein erst direkt gegenüberstehen. Denn das Sein des Seienden ist nicht so eingegrenzt, so deutlich wahrnehmbar oder so unabhängig von uns wie die Paarungsgewohnheiten von Giraffen. Das Sein ist überall; alles *ist:* Menschen, Hämmer, Städte, Theorien, Planeten, Galaxien. Das Sein ist nirgends; es wohnt dem Seienden nicht als erkennbare Eigenschaft inne. Soll es erkannt werden, so bedürfen wir durchgängiger Leitung durch unser Vorverständnis des Seins, und wie viele Korrekturen wir auch vornehmen mögen, wir können dieses Vorverständnis nie einfach hinter uns lassen oder es zugunsten einer direkten Begegnung mit dem Sein aufgeben. Das Sein des Seienden, sowohl anderer Seiender wie des Daseins selbst, ist vom Dasein nicht unabhängig: Theorien, Fragen, Werkzeuge, Städte – all das hängt in seiner Existenz und Seinsweise von der Tatsache ab, daß es hervorgebracht ist, gefragt, gebraucht, bewohnt und gedeutet, und zwar durch das menschliche Dasein. Dasein ist wesentlich in der Welt, und das nicht nur in dem Sinn, daß es zusammen mit anderen Dingen einen Platz in der Welt einnimmt, sondern indem es ständig anderes Seiendes deutet und sich mit ihm und seinen umgebenden Zusammenhängen, seiner „Umwelt", beschäftigt. In gewissem Sinne gibt es eine einheitliche Welt – anstelle einer bloßen Ansammlung von Seiendem – überhaupt nur, weil das Dasein eben dies tut. Das Dasein ist nicht bloß ein Ding unter anderen; es befindet sich im Mittelpunkt der Welt und hält diese Welt allererst zusammen. Indem Heidegger also das Dasein zum Ausgangspunkt seiner Untersuchung nimmt, konzentriert er sich nicht auf eine Art von Seiendem unter Ausschluß aller anderen. Das Dasein führt die ganze Welt erst mit sich.

Warum „Dasein"?

Mit „Dasein" meint Heidegger sowohl den Menschen wie seine besondere Art von Sein. Das Wort kommt vom Verb *dasein* her, welches „existieren", „dort oder hier sein" bedeutet. Das Nomen Dasein wird auch von anderen Philosophen verwendet. Kant bezeichnet damit z. B. die Existenz eines Seienden. Heidegger dagegen schränkt es auf menschliche Wesen ein und weist zudem auf die ursprüngliche

Bedeutung des Wortes hin: *dort* oder *hier* sein; *da* kann, je nach Kontext, beides bedeuten. (Heidegger unterscheidet manchmal zwischen *hier* als dem Punkt, an dem ich, der Sprecher, mich befinde, und *dort* als dem Punkt, wo die Person sich befindet, über die gesprochen wird; *da* ist dort, wo du, der Adressat meiner Rede, bist [20, 343]. Mit Dasein ist aber nicht das Du im Gegensatz zum Ich gemeint.) Gelegentlich schreibt Heidegger das Wort auch mit Bindestrich: Da-sein. Damit unterstreicht er den von ihm gemeinten Sinn des Wortes: von dort/hier sein.

Weshalb spricht er vom Menschen überhaupt auf diese Weise? Das Sein von Menschen unterscheidet sich strikt vom Sein alles anderen Seienden in der Welt. „Das Dasein ist Seiendes, dem es in seinem Sein um dieses selbst geht" (SuZ 191). Anders als anderes Seiendes besitzt es kein bestimmtes Wesen:

> „*Das ‚Wesen' des Daseins liegt in seiner Existenz.* Die an diesem Seienden herausstellbaren Charaktere sind daher nicht vorhandene ‚Eigenschaften' eines so und so ‚aussehenden' vorhandenen Seienden, sondern je ihm mögliche Weisen zu sein und nur das. (…) Daher drückt der Titel ‚Dasein', mit dem wir dieses Seiende bezeichnen, nicht sein Was aus, wie Tisch, Haus, Baum, sondern das Sein." (SuZ 42)

Daß es diesem Sein um sein Sein selbst geht, hängt zum Teil damit zusammen, daß dieses Sein „je meines" ist, daß Dasein mit einem Personalpronomen angesprochen werden muß, „ich" oder „du". Das Sein des bloß vorhandenen Seienden, das man nicht mit „ich" oder „du" ansprechen kann, ist diesem Seienden gleichgültig. Da anderes Seiendes nicht, wie das Dasein, sein eigenes Sein übernehmen kann, bedarf es, um überhaupt etwas zu sein, eines bestimmten „Was". Ein menschliches Sein dagegen ist das Sein, für das es sich entscheidet oder entschieden hat. „Dasein *ist* je seine Möglichkeit" (SuZ 42). Das Dasein verläßt in zweierlei Hinsicht die aristotelische Ontologie: Erstens ist es keine Substanz mit einer wesenhaften Natur und Eigenschaften oder „Akzidenzien", und zweitens liegt die Potentialität oder Möglichkeit im Fall des Daseins vor der Wirklichkeit; das Dasein ist nicht ein schon bestimmtes wirkliches Ding, sondern die Möglichkeit verschiedener Seinsweisen.

„Sein oder Nichtsein – das ist hier die Frage"

Natürlich denken wir hier an Hamlet. Dasein ist ein Seiendes, das sich entscheiden kann, zu sein oder nicht zu sein. Aber Hamlet sagt nicht, daß der Mensch nichts als ein Etwas ist, das diese Entscheidung treffen kann. Weshalb soll der Mensch nicht zusätzlich, wie „Tisch, Haus, Baum", eine bestimmte Natur besitzen? In der Tat muß er weitere Charakteristika außer seiner Fähigkeit zur Entscheidung zwischen Sein und Nichtsein haben. Nichts kann ausschließlich in dieser Fähigkeit bestehen, und nichts kann bloß Existenz als einziges Charakteristikum besitzen. Fest steht jedenfalls, daß ein Mensch keine unbeschränkte Macht über die Entscheidung zwischen Sein und Nichtsein hat. Er mag sich für den Tod entscheiden, aber er kann sich nicht dafür entscheiden, geboren zu sein oder eher unter diesen als unter anderen Umständen geboren zu sein. Er ist, wie Heidegger sagt, in die Welt „geworfen". Aber wenn es erst geworfen ist, hat das Dasein noch andere Entscheidungsmöglichkeiten über sein Sein als nur die, sich umzubringen, wenn ihm nicht gefällt, was es ist. (Heidegger erwähnt den Selbstmord in SuZ nicht, aber aus einer anderen Stelle seines Werks [20, 439] geht klar hervor, daß er ihn als unangemessene oder „uneigentliche" Antwort auf die Möglichkeit des Todes betrachtete.) Ich entscheide somit weniger über Sein oder Nichtsein als vielmehr über das *Wie* meines Seins. Hier stoßen wir auf eine andere Verwendung solcher Ausdrücke wie „Wie es ist" und „Art und Weise zu sein". Bisher haben wir angenommen, daß ein Seiendes eine und nur eine Seinsweise habe, aber nun sehen wir, daß zur Seinsweise des Daseins die Fähigkeit gehört, sich zwischen mehreren Seinsweisen zu entscheiden. Ich kann mich z. B. dafür entscheiden, Priester zu sein,

Arzt oder Philosoph. Eine angemessene Antwort auf die Frage „Was bin ich?" sollte nicht in der Form einer oberflächlichen Aussage über mich selbst gegeben werden, sondern in Form einer Entscheidung darüber, was ich sein will – selbst wenn es sich dabei nur um die Bestätigung einer von mir bereits getroffenen Entscheidung handelt. Heidegger betont dieses besondere Charakteristikum, indem er sagt, daß das Dasein allein unter allen Seienden *existiert* oder Existenz hat. Das Verb *existieren* und das Nomen Existenz stammen vom Lateinischen her und bedeuten wörtlich „vorstehen", „hinausstehen". Das Dasein steht über sich hinaus und schafft sich, wie kein anderes Seiendes, seine eigenen Seinsweisen. Dieser Zug des Daseins ist so entscheidend, daß Heidegger, um die Grundbestimmungen des Seins von Dasein zu bezeichnen, nicht mehr von „Kategorien" spricht, wie wir das in Verbindung mit der Untersuchung des Seins von anderen Seienden tun, sondern von „Existenzialien" (SuZ 44).

Übertreibt man nicht, wenn man sagt, das Dasein besitze kein „Was", keine „Eigenschaften", sondern bestehe ganz und gar in seiner „Möglichkeit"? Ich kann schließlich zu dumm sein, um Priester, Arzt oder Philosoph zu werden. Mir können die Haare ausgehen, ohne daß ich mich dafür entschieden habe und ohne daß mir die Möglichkeit offensteht, sie wieder wachsen zu lassen. Die meisten Menschen haben eine gewisse körperliche, biologische Struktur, die sich deutlich von der anderer Geschöpfe unterscheidet, und ihre Möglichkeiten, hier etwas zu verändern, sind sehr begrenzt. Einige Philosophen haben die spezifische Natur des Menschen in seiner Vernunft gesehen und den Menschen als vernünftiges Tier definiert. Natürlich behauptet Heidegger nicht, daß der Mensch werden kann, was immer er will. Die Umstände schränken meine konkreten Möglichkeiten ein: „Existieren ist immer faktisches" (SuZ 192). Aber meine Umstände und Bedingungen sind nie einfach „vorhandene Eigenschaften": Ich kann ihnen immer auf verschiedene Weisen begegnen. Wenn mir die Haare ausgehen, kann ich mich weigern, das zur Kenntnis zu nehmen und darauf beharren, daß ich einen vollen Haarschopf besitze; ich kann an meiner Kahlheit verzweifeln; ich kann mir eine Perücke anschaffen; ich kann die Tatsache einfach ignorieren, oder aber ich kann sie fröhlich akzeptieren und sie zur Grundlage meines Erfolgs als Schauspieler oder Liebhaber machen. Welche Möglichkeit ich ergreife, wird nicht lediglich von meiner Kahlheit bestimmt, sondern von mir frei gewählt.

Die Uneigentlichkeit und das Man

Aber wähle ich wirklich frei? Die Tatsache, daß Kahlheit ein auffälliges und oftmals unerwünschtes Merkmal einer Person ist, auf das man irgendwie reagieren muß, hängt von sozialen Konventionen ab, die nicht von mir stammen; und das gleiche gilt für die angemessenen Reaktionen. Es ist z. B. akzeptabel, eine Perücke zu tragen, während es eine inakzeptable Reaktion wäre, nun alle anderen kahlscheren zu wollen, damit ich nicht mehr der einzige Kahlköpfige bin. „So etwas tut man nicht", denke ich mir, und damit schließe ich diese Option aus, ja ich denke nicht einmal ernsthaft über sie nach. Insoweit ich gewisse Optionen erst gar nicht in Betracht ziehe, weil „die anderen", „man" oder „wir" so etwas nicht tun, befinde ich mich im Zustand der „Uneigentlichkeit", und meine Entscheidung habe ich den „anderen" oder vielmehr dem anonymen *Man* überlassen.

„*Eigentlich*" bedeutet soviel wie „wirklich" oder „angemessen"; „*uneigentlich*" heißt ursprünglich soviel wie „nicht wörtlich, im übertragenen Sinn". Das Dasein ist manchmal eigentlich, manchmal nicht. Will Heidegger nun sagen, daß nur eigentliches Dasein wirkliches Dasein, wirkliches menschliches Sein ist, während das uneigentliche Dasein nicht wirklich menschlich ist? Gewiß nicht. Er bringt *eigentlich* mit dem Adjektiv *eigen* in Verbindung, wie etwa in den Wendungen „sein eigenes Zimmer haben", „seinen eigenen Kopf haben" oder „sein eigener Herr sein". Eigentlich sein bedeutet, seinem *eigenen* Selbst treu zu sein, ein *eigenständiger* Mensch sein, das tun, was einem selbst wichtig ist.

Was ist dann Uneigentlichkeit? Wessen Kopf kann ich haben,

wenn nicht meinen eigenen, wessen Person kann ich sein, wenn nicht meine eigene? „Mein eigen" bildet gewöhnlich den Gegensatz zu „eines anderen (...)", und *eigen* steht im Gegensatz zu *fremd*. Ich mag einem anderen oder einer Gruppe anderer nacheifern – Heidegger, meiner Ehefrau oder meinem Ehemann, meinen Kollegen –, indem ich so denke und handle wie sie. Aber noch öfter passe ich mich nach Heidegger dem an, was „man" tut und denkt. Heidegger nutzt hier ein einfaches Pronomen, das im Deutschen nur im Singular in Wendungen vorkommt wie „Man zahlt seine Schulden". Und er macht dieses Pronomen zu einem bestimmten Nomen: *das Man*, das die anderen meint, aber auch mich selbst einschließt, sofern ich wie „sie" handle, denke und empfinde. Es handelt sich nicht um ganz bestimmte andere, sondern um jedermann und niemanden. Ich schreibe auf deutsch, weil *man* auf deutsch schreibt. Ich trauere bei Beisetzungen, weil *man* das tut. Insoweit ich mich dem anpasse, was *man* tut, bin ich nicht mein eigenes individuelles Selbst, sondern das „*Man-selbst*": „Das Selbst des alltäglichen Daseins ist das *Man-selbst*, das wir von dem *eigentlichen*, das heißt eigens ergriffenen *Selbst* unterscheiden" (SuZ 129). Dasein ist insoweit „uneigentlich", als es dies oder jenes einfach tut, weil *man* das tut. Es ist „eigentlich" insoweit, als es zu einem eigenen Entschluß kommt, sein eigener Herr ist, seinem eigenen Selbst treu bleibt. Eigentlichkeit muß natürlich nicht Exzentrik bedeuten. Exzentrik kann sehr wohl uneigentlich sein, während die Anpassung an allgemein übliches Verhalten durchaus eigens gewählt sein kann.

„Uneigentlichkeit" soll keineswegs eine Verurteilung oder einen Vorwurf ausdrücken. Sie ist die meiste Zeit über der normale Zustand der meisten von uns, und ohne ihn könnten wir überhaupt keine Entscheidungen treffen. Ich könnte mich nicht entschließen, ein Buch zu schreiben, hätte ich nicht eine bestimmte Sprache wie z. B. Deutsch gelernt. Da ich mich an ein deutsches Publikum wende, frage ich mich gar nicht erst, ob ich eher in Altgriechisch als auf Deutsch, von links nach rechts oder von rechts nach links schreiben oder das Wort „gut" im Sinn von „schlecht" gebrauchen soll. Andererseits folgt aus der Tatsache, daß ich Deutsch schreiben muß, noch nicht, daß ich Sätze oder Redeweisen anderer wiederholen, „Klischees“ oder Fachbegriffe, z.B. Börsenausdrücke, benutzen muß. Wenn ich das tue, ohne den Versuch zu machen, meine eigenen Gedanken zu entwickeln oder für sie einen passenden, bislang noch nicht benutzten Ausdruck zu finden, dann ist meine Uneigentlichkeit unangemessen. Aber ganz gleich, ob sie am Platz ist oder nicht, ergibt sich doch folgende Frage: Kann ich in dem Maß, in dem ich uneigentlich bin, von mir sagen, daß ich über mein eigenes Sein entscheide? Heideggers Antwort lautet: Wenn ich uneigentlich bin und meine Entscheidungen dem *Man* überlassen habe, dann habe ich mich unausgesprochen dazu entschlossen, das zu tun. Es steht mir immer offen, meine Entscheidungen wieder in die eigene Hand zu nehmen; das ist nicht immer einfach, aber es ist möglich. Und wenn ich der Uneigentlichkeit durch eigenen Entschluß entgehen kann, dann hängt mein Scheitern in dieser Hinsicht von einer Entscheidung ab, die noch so unausgesprochen sein kann, von der Entscheidung nämlich, der Uneigentlichkeit nicht zu entgehen. Die Uneigentlichkeit des Daseins bedeutet also nicht, daß Dasein nicht „existiert“, d.h. daß es nicht über sein eigenes Sein verfügt.

Das Dasein und der Körper

Wie steht es mit dem Körper? Ist er nicht ein definitives, unausweichliches „Was“ eines jeden Menschen? Natürlich ist mein Körper nicht nur ein „Was“. Ich kann mich entschließen, viele Handlungen mit ihm und an ihm zu tun. Aber jeder Mensch muß einen Körper haben, und diese grundlegende biologische Tatsache läßt sich nicht übergehen oder radikal ändern, sofern man am Leben bleiben will. Aus Heideggers Darstellung des Daseins wird deutlich, daß Dasein einen Körper hat, daß es kein bloßes Ego oder ein ausschließlich psychologisches Subjekt ist. Aber Heidegger erwähnt der Körper kaum. Nehmen wir also an, ich will den menschlichen Körper beschreiben.

Wie soll ich das machen? Ich kann ihn in Begriffen beschreiben, aus denen im Grunde genommen nicht hervorgeht, daß es sich um den Körper eines lebendigen menschlichen Wesens handelt, das geht, spricht, hämmert usw., d. h. in Begriffen, die ihn einem toten Körper oder dem Körper anderer Tiere angleichen. Wenn wir uns den Körper aber so vorstellen, sagt Heidegger, dann müssen wir ihm noch etwas hinzufügen, um ihn zu einem vollständigen menschlichen Körper zu machen, der sich von einem toten Körper oder dem eines Tieres unterscheidet, nämlich eine Seele zum Beispiel oder Vernunft. Aber in dem Moment haben wir auch schon die Einheit des menschlichen Seins verloren, oder zumindest müssen wir erst noch erklären, wie diese Einheit zustande kommt. Seinen eigenen Körper auf diese Weise zu betrachten, ist auf jeden Fall ein allzu ausgeklügeltes und unnatürliches Vorgehen. Wir werden uns unserer selbst oder der anderen nicht zunächst als ausgedehnte Körper nach der Art von Steinen gewahr, dann als lebendige Organismen, dann als Tierkörper und schließlich als menschliche Wesen. Zumindest im Erwachsenenalter betrachten wir uns selbst von vornherein als ganze menschliche Wesen, und wir müssen erst einen Abstraktionsprozeß durchlaufen, um uns als bloße Tiere oder bloße Körper betrachten zu können. So sollte auch der Philosoph von vornherein das Dasein und nicht seinen Körper betrachten, das ganze menschliche Wesen, das die Frage stellt: „Was ist mein Körper?", genau wie es die Seinsfrage stellt. Wenden wir uns aber dem Dasein zu, so merken wir bald, daß wir uns unseres Körpers gewöhnlich gar nicht bewußt sind, solange mit ihm alles in Ordnung ist. G. E. Moore hielt einmal seine Hände in die Höhe und erklärte: „Ich weiß, daß ich zwei Hände habe." Aber gewöhnlich stellen wir derartige Behauptungen über unsere Hände gar nicht auf, und wir konzentrieren uns gewöhnlich auch nicht auf sie. Wir befassen uns vielmehr mit bestimmten Aufgaben, mit dem Stift eher als mit der Hand, die ihn hält, oder mit dem Papier, auf dem wir schreiben, oder noch wahrscheinlicher mit dem, worüber wir schreiben. Der Körper ist etwas Unauffälliges. Er ist da, aber er bildet bloß einen Hintergrund des Tuns und steht nicht im Vordergrund. Er ist nichts, was zum Dasein hinzukäme, und nichts, zu dem das Dasein hinzukäme. Das Dasein, wie Heidegger es beschreibt, braucht einen Körper von bestimmter Art, es ist keine Seele und kein Ego, deren Existenz auch ohne Körper oder mit einem ganz anderen als dem menschlichen Körper denkbar wäre. Das Dasein, seine Natur und seine Fähigkeiten – seine Software gleichsam – sind unlösbar an seinen Körper, seine Hardware, gebunden. Dennoch hat die Software für Heidegger Vorrang vor der Hardware.

Das Dasein und der Geist

Heidegger nimmt aus guten Gründen den Menschen als Dasein, als fragendes, wählendes, sich selbst hervorbringendes Wesen zum Ausgangspunkt; schließlich beginnen wir alle so, ob als Biologen, Historiker oder Handwerker. Aber, so könnten wir einwenden, das Dasein ist doch nur ein Aspekt des Menschen neben anderen, nicht nur dem biologischen, sondern auch dem psychologischen und dem, was die deutschen Philosophen gern den *Geist* oder das *Geistige* genannt haben –, neben den Wissenschaften also, den Theorien, der Kunst und auch den sozialen und politischen Strukturen, die wir hervorbringen. Vernachlässigt Heidegger all das? Nun, alle diese Aspekte spielen eine Rolle, aber nur als Seinsweisen des Daseins. Heidegger erkennt keine rein psychische innere Sphäre an und auch keine ideale Sphäre logischer und mathematischer Gebilde. Seine Rede vom Dasein trägt Züge eines entschiedenen Realismus, der sich um Logik, Psychologie oder Erkenntnistheorie nur wenig schert. Selbst in seinen tiefsten Stimmungen und Gefühlen ist das Dasein immer in die Welt eingelassen und hat es mit den Dingen dieser Welt zu tun. Auch wissenschaftliche Theorien und selbst die Wahrheiten der Logik und Mathematik sind nichts als Seinsweisen des Daseins, Weisen seines In-der-Welt-seins.

5. Die Welt

Heidegger setzt an mit der Betrachtung des Daseins in seiner „durchschnittlichen Alltäglichkeit“, in der das Dasein allerdings nicht alle seine Möglichkeiten umsetzt. Es fällt hier keine weitreichenden Entscheidungen und denkt nicht über seinen eigenen Tod nach, und vor allem reflektiert es hier nicht begrifflich über seinen eigenen Seinszustand, wie Philosophen das tun. Um die Voraussetzung seines Philosophierens oder auch des bloßen Nachdenkens über die alltäglichen Begebenheiten zu erklären, muß Heidegger über die durchschnittliche Alltäglichkeit hinausgehen. Aber auch der Philosoph ist ein menschliches Wesen und verbringt, wie der Rest der Menschheit, die meiste Zeit im Zustand der Alltäglichkeit. Es wäre ein schwerer Fehler, das Dasein als unaufhörlich philosophierend zu beschreiben. Doch hat schon das Dasein in der durchschnittlichen Alltäglichkeit viele Züge mit Dasein in seinen eher gehobenen Daseinsmodi gemein.

So oder so befindet sich das Dasein in der Welt, genau wie Steine, Bäume, Kühe oder Hämmer. Aber Dasein ist noch in einem anderen Sinn als anderes Seiendes in der Welt. Anders als der Stein, der Baum oder die Kuh ist das Dasein seiner Welt gewahr, und es ist mit ihr vertraut; es weiß um andere Dinge in der Welt und um sich selbst, und zwar kraft seines „Seinsverständnisses“. Es ist kein in sich verschlossenes Subjekt, das sich nur seiner geistigen Zustände bewußt wäre. In diesem Fall hätte es ein bestimmtes „Was“ und wäre nicht in der Welt, ja bräuchte gar nicht in der Welt zu sein. Hätte das Dasein eine bestimmte eigene Natur und wäre nicht vielmehr, wenigstens zum Teil, das, was es aus sich macht, dann bräuchte es vielleicht keine

Welt, in der es wohnen kann. Um das Dasein steht es aber anders: Um überhaupt zu sein oder um wenigstens in seinen eigenen charakteristischen Weisen zu sein, braucht das Dasein eine Welt mit Seiendem, mit dem es umgehen kann.

Wie sieht die Welt des Daseins aus? Sie ist nicht in erster Linie eine Welt bloß natürlicher Dinge. Die unmittelbarsten und offensichtlichsten Bewohner dieser Welt sind, neben dem Dasein selbst, die Werkzeuge und die Gegenstände, die es für seine alltäglichen Bedürfnisse braucht, der Hammer beispielsweise und die Nägel und das Leder, mit denen es Schuhe herstellt. Werkzeuge und „Zeug", wie Heidegger allgemeiner sagt, haben ihren Platz in der Werkstatt, der unmittelbar umgebenden Welt des Daseins. Aber diese Welt verweist über sich hinaus auf eine umfassendere Welt, auf das andere Dasein, das die Schuhe kauft, auf das Dasein, das das Leder zu den Schuhen liefert, usw. Damit wird wiederum auf die Natur verwiesen, nicht auf die Natur der Naturwissenschaftler, sondern auf die Kühe, von denen das Leder stammt, und auf die Wiesen, auf denen sie grasen. Husserl nannte diese Welt, die Welt, in der wir gewöhnlich leben, später „Lebenswelt", aber Heidegger sagt schlicht „Welt" zu jener weiteren Welt, in die unsere „Umwelt" eingebettet ist.

Philosophen neigen dazu, die Welt in diesem Sinn zu vernachlässigen. Philosophen nehmen gern an, daß die vom Dasein bewohnte Welt aus ausgedehnten natürlichen Dingen besteht. Descartes beginnt seine erste *Meditation* mit dem Zweifel an der Realität der Lebenswelt, des Feuers vor ihm, des Mantels, der ihn umhüllt, des Stiftes in seiner Hand, des Papiers in seinem Schoß. Nachdem er diesen Zweifel dann überwunden und seinen Glauben an die Existenz der äußeren Welt wieder gefestigt hat, handelt es sich bei den Gegenständen seiner Gewißheit um die der Welt der mathematischen Physik, der meßbaren, ausgedehnten Dinge, und nicht um die bescheidene *Umwelt* von Feuer, Mantel, Stift und Papier. Aber sogar Philosophen, die der Lebenswelt ihre Bedeutung zuerkennen, neigen dazu, sie falsch zu beschreiben. Ein Phänomenologe wie Husserl abstrahiert in seinen *Cartesianischen Meditationen* zunächst von allen Prädikaten der „Bedeutung“ und beschränkt sich ausschließlich auf die „res extensa“. So beschreibt er z. B. die Erfahrung, die wir machen, wenn wir einen Tisch sehen: Wenn ich um den Tisch herumgehe, dann bietet er mir verschiedene visuelle Ansichten, die, obgleich in Farbe und Form nicht identisch, doch systematisch so miteinander zusammenhängen, daß ich durch „Retention“ oder durch Erinnerung der schon gesehenen Aspekte des Tisches zu einer „Synthese“ in Form der Vorstellung *Tisch* kommen kann, so wie er objektiv ist, eine braune, rechteckige Fläche auf vier Füßen. In seinen frühen Freiburger Vorlesungen zur Ontologie (63, 88–92) gibt Heidegger eine ganz andere Darstellung dieser Erfahrung. Was ich sehe, ist nicht einfach ein Tisch, sondern *der* Tisch, der Tisch in *diesem* Raum, der Tisch, an dem ich esse oder schreibe. Ich sehe den Tisch *als* bestimmt für etwas. Ich sehe nicht zuerst einen ausgedehnten Gegenstand und erst danach einen Tisch, der für etwas bestimmt ist. Ich beachte seine geometrischen Dimensionen oder seine räumliche Stellung in bezug auf die Himmelsrichtungen kaum. Vielmehr sehe ich ihn als gut oder schlecht plaziert, als zu weit entfernt von der Lampe; ich bemerke Kratzer auf seiner Oberfläche, Spuren der Kinder, von deren Spiel die Kratzer vielleicht stammen, und nicht etwa Unregelmäßigkeiten seiner einheitlichen Farbe. Ich denke an die Vergangenheit zurück und erinnere mich, daß wir an diesem Tisch gesessen und über Politik diskutiert haben oder daß ich an ihm mein erstes Buch geschrieben habe.

Heidegger betrachtet hier eine Welt oder einen Ausschnitt der Welt, mit der er nicht wie der Handwerker umgeht. Doch weisen seine Betrachtung des Tisches und die des Handwerkers nicht nur Unterschiede auf, sondern ähneln sich auch. Zunächst spielt theoretische Erkenntnis hier keine vorrangige und vielleicht sogar überhaupt keine Rolle. Weder der Handwerker noch Heidegger betrachten den Hammer bzw. den Tisch als Gegenstand mit bestimmten geometrischen und physikalischen Eigenschaften. Beide werden primär als Gebrauchsgegenstände gesehen, die an menschliche Zwecke gebunden sind: Der Hammer ist zum Hämmern da, der Tisch zum Essen oder Schreiben.

Zweitens werden weder der Hammer noch der Tisch isoliert von den anderen Gegenständen der Umgebung gesehen. Der Hammer dient zum Einschlagen der neben ihm liegenden Nägel, zur Bearbeitung des Schuhleders usf. Der Tisch steht zu weit vom Fenster weg, an ihm essen normalerweise die Menschen, die ich jetzt draußen sprechen höre, an ihm habe ich das Buch geschrieben, das jetzt dort im Regal steht. Verschiedene Gegenstände im Raum oder in der Werkstatt verweisen aufeinander, und damit bilden sie ein bedeutsames Ganzes – eine vollständige Werkstatt oder ein vollständiges Zimmer – und nicht bloß eine zufällige Ansammlung von Dingen. Auf diese Art verweisen Gegenstände aufeinander und bilden so eine Sphäre der „Bedeutsamkeit", am offensichtlichsten, wenn es sich um Gebrauchsgegenstände handelt, um Zuhandenes, wie Heidegger sagt, und nicht um bloß vorhandene Gegenstände. Weder die Werkstatt noch dieses Zimmer sind eine in sich abgeschlossene Umgebung. Die Werkstatt und was sie enthält verweist über sich hinaus auf Kunden, Kühe, Wiesen. Auch das Zimmer verweist auf den Tischler, der den Tisch gemacht hat, den Händler, der Lebensmittel liefert, die Verleger, die Bücher verlegen, usf. Immer verweist unsere unmittelbare Umgebung auf eine weitere Welt jenseits dieser Umgebung, auf eine Welt, die jedoch im Dasein, seinen Bedürfnissen und Zwecken wurzelt.

Drittens spielen Raum und Zeit in beiden Situationen eine Rolle, aber eine andere als bei Husserl. Husserl ist vor allem an geometrischen Formen interessiert, den Formen sowohl der verschiedenen Perspektiven des Tisches, die sich uns nacheinander darbieten, als auch des wirklichen Tisches, den wir aus diesen Aspekten zusammensetzen. Zeit ist für Husserl in erster Linie unser zeitliches Gewahrsein unserer Erfahrungen: Beim ersten Anblick erfahre ich den Tisch nicht als ganzen, sondern nur einen Aspekt von einem bestimmten Blickwinkel aus. Habe ich zuvor schon einen Tisch gesehen, dann erwarte ich ganz bestimmte Erfahrungen, wenn ich um ihn herumgehe, ich „protendiere" meine nachfolgenden Erfahrungen. Im Verlauf dieses Prozesses werden meine „Protentionen" durch die tatsächlichen Erfahrungen „erfüllt". Das würde mir aber wenig nützen, wenn ich die bereits gemachten Erfahrungen wieder vergessen hätte, wenn ich nicht sowohl meine vergangene wie meine gegenwärtige Erfahrung „retendieren" würde und die kommenden zugleich protendiere. Retention und Protention ermöglichen mir ein Gewahrsein des Zeitflusses meiner Erfahrungen, und sie gestatten mir, diese Erfahrungen als Erfahrung eines objektiven Tisches zu betrachten, dessen tatsächliche Gestalt keiner einzelnen Erfahrung von ihm genau entspricht. Heidegger war zwar von Husserls Analysen beeindruckt, aber Zeit und Raum spielen für ihn doch eine andere Rolle. Natürlicherweise fallen uns am Tisch nicht seine genaue Gestalt und seine Maße auf, sondern wir bemerken, ob er die richtige Größe und den richtigen Standort für unsere Zwecke hat. Ist er groß genug für ein Familienessen? Steht er zu weit entfernt vom Fenster oder vom Bücherregal, um bequem an ihm schreiben zu können? Gegenstände haben im Raum ihren angemessenen Platz, genau wie in der Werkstatt. Nägel, Leder und Hammer liegen leicht greifbar auf der Werkbank. Durch das Fenster kann der Handwerker die Straße sehen, die in einer Richtung zur Dorfmitte, in der anderen zum Nachbardorf führt, wo seine Schwester wohnt. Er kennt die genauen Entfernungen nicht, aber er weiß, es ist nur ein kurzer Weg bis zur Dorfmitte, während der Weg ins nächste Dorf länger dauert und er gewöhnlich hungrig ist, wenn er dort ankommt. (Griechische Bauern bemaßen Entfernungen gern nach der Anzahl von Zigaretten, die sie auf dem Weg rauchen würden. Ein nahe gelegenes Dorf war also z. B. zwei Zigaretten entfernt, ein anderes eine ganze Schachtel.) Auch Zeit ist für Heidegger eine Sache von „Bedeutsamkeit". Der Tisch weist voraus auf seinen künftigen Gebrauch und zurück auf vergangene Ereignisse – die Kratzer, die die Jungen gemacht haben, das Buch, das ich an ihm geschrieben habe, usf. Auch der Handwerker schaut bei seiner Arbeit auf den fertigen Schuh voraus, auf das Leder, das er bestellen muß, und er schaut vielleicht zurück auf seine Jugend, als sein Vater ihn das Handwerk lehrte, auf das Jahr, in dem er die Werkstatt geerbt hat.

Zwischen diesen beiden Situationen gibt es jedoch einen wichtigen Unterschied. Heidegger überblickt den Raum und bemerkt die Kratzer auf dem Tisch, er erinnert sich ausdrücklich an Mahlzeiten, Schreibarbeit, Gespräche usw. Dagegen bemerkt der mit Nageln beschäftigte Handwerker nicht ausdrücklich seine Werkbank oder den Stuhl, auf dem er sitzt, oder den Vorrat an Nägeln neben ihm. Er braucht nicht an seine Kunden zu denken, seine Lieferanten, die Kühe auf der Wiese. Diese Dinge sind für ihn *da*, er ist ihrer stillschweigend gewahr, aber sie sind unauffällig und stören nicht; er sieht sie gleichsam ganz nebenbei, ohne sich auf sie zu konzentrieren. Das ist möglich, weil alle diese Dinge aufeinander verweisen und einen Bedeutungszusammenhang bilden. Der Stuhl, die Werkbank, die Nägel, selbst der Hammer bleiben unauffällig, solange sie an ihrem rechten Platz sind und bereitstehen, um ihre Dienste zu leisten. Bemerken wird der Handwerker sie erst, wenn etwas nicht stimmt. Wenn der Griff des Hammers zerbricht oder der Stuhl zusammenkracht, dann werden diese Gegenstände auffällig. Ebenso wird das Leder erst auffällig, wenn es ausgeht oder nicht am richtigen Platz ist.

Und das gleiche gilt auch vom Handwerker selbst. Heidegger meint, daß Husserl in seinen *Cartesianischen Meditationen* zu Unrecht behauptet, das Ego existiere für sich selbst in fortdauernder Evidenz. Wenn der Handwerker in seiner Arbeit aufgeht, konzentriert er sich ganz auf den Nagel, den er einschlägt, oder auf den Schuh, den er fertigt. Er ist sich kaum seiner selbst bewußt, nicht einmal als körperlich Handelnder und erst recht nicht als „Ego". Er mag sein Augenmerk auf sich selbst richten, wenn etwas schiefgeht, aber ansonsten ist er sich selbst ebenso unauffällig wie die Nägel auf dem Tisch oder die Brille auf seiner Nase. Frühere Philosophen haben fast immer den Fehler gemacht, die Dinge zu sehr aus ihrer Unauffälligkeit herauszulösen. Mit dem „Gerichtetsein als der Grundstruktur des Bewußtseins", sagt dagegen Heidegger, ist „eine viel zu ausdrückliche und überschärfte Charakterisierung des Seins in der Welt gegeben" (27,318).

Die Welt und die Dinge in ihr fallen also dem alltäglichen Dasein normalerweise gar nicht auf. Daraus ergibt sich nun ein Problem. Philosophen unterscheiden sich nicht grundlegend vom alltäglichen Dasein. Wie können sie sich dann über die durchschnittliche Alltäglichkeit erheben, um das zu bemerken, was dem alltäglichen Dasein entgeht? Heidegger betrachtet sich als Phänomenologen, und zwar in dem Sinn, daß er zur Erscheinung bringt, was normalerweise nicht eigens erscheint, weil es in der Unauffälligkeit verharrt, und er tut dies nicht etwa durch außergewöhnliche Experimente oder abseitige Argumente. Was Heidegger bemerkt und begrifflich ausdrückt, ist in gewisser Weise genau das, was für jedermann offen zutage liegt, sobald er darauf hingewiesen wird. Aber wie kommt Heidegger überhaupt dazu, diese Dinge zu bemerken? Nun, wir können auch umgekehrt annehmen: Worauf Heidegger hinweist, ist das Klarste von der Welt, und das Rätsel besteht vielmehr darin, daß die Philosophen es übersehen konnten. Heidegger sieht sich vor einer komplexen Aufgabe: Er muß nicht nur eine Analyse des Daseins liefern und uns von deren Richtigkeit überzeugen, er muß auch erklären, weshalb er – anders als das alltägliche Dasein – diese Analyse überhaupt durchführen kann, und zudem muß er erklären, weshalb andere Philosophen, die doch auch nicht vollkommen in der Alltäglichkeit aufgingen, dazu nicht in der Lage waren.

In-der-Welt-sein

Dasein und Welt sind nicht zwei verschiedene Gebilde, die unabhängig voneinander variieren könnten. Sie ergänzen sich wechselseitig. Betrachten wir die eine Seite auf eine bestimmte Weise, dann müssen wir entsprechend auch die andere betrachten. Sehen wir die Welt nach Descartes' Art als Ansammlung ausgedehnter Dinge, dann ist es nur natürlich, daß wir das Selbst als denkendes Ding ansehen, und betrachten wir umkehrt das Selbst als denkendes Ding, dann ist es nur natürlich, daß wir die Welt, die es bewohnt, als bestehend aus vorhandenen, ausgedehnten Dingen auffassen. Sehen wir in der Welt dagegen einen Bedeutungszusammenhang, dann müssen wir auch das Dasein anders betrachten. Zu den es umgebenden Dingen hat das Dasein ein praktisches Verhältnis der umsichtigen Sorge und keines der interesselosen Kontemplation. Heidegger bestreitet nicht, daß es schludrige Handwerker gibt, die ihre Arbeit vernachlässigen, oder daß ein sonst fleißiger Handwerker heute Kopfschmerzen haben kann und sich mit nichts beschäftigen mag. Aber selbst das fehlende Besorgen ist eine Art des Besorgens: Das Dasein ist niemals – wie etwa ein Stein, ein Baum oder eine Kuh – ohne Sorge. Aber seine Haltung ist nicht bloß praktischer Art. Die gebräuchliche Unterscheidung zwischen Theorie und Praxis, Erkenntnis und Handeln ist nichts als ein Konstrukt, das über die Alltäglichkeit des Daseins gelegt wird. Das Dasein weiß auch um Dinge. Es weiß, wozu ein Hammer dient und wie man ihn benutzt, wo das Leder aufbewahrt wird, es kennt sich in der Werkstatt aus. Natürlich kann es nicht angeben, wie es zu diesem Wissen kommt, und es kann sein Wissen nicht in Worte fassen. Manches ist leichter getan als gesagt. Aber es weiß um die Dinge ebensogut, wie es sie tut. Wäre dem nicht so, dann könnte es eine Welt in Heideggers Sinn gar nicht geben. Werkzeuge, auf deren Gebrauch sich niemand versteht oder je verstanden hat, können keine bedeutsame Verweisungsganzheit bilden; vielmehr lägen diese Werkzeuge nur indifferent wie Steine in einer unbewohnten Wüste umher.

Das Dasein kennt nicht nur die einzelnen Gegenstände in der Werkstatt und weiß nicht nur, wie sie zu handhaben sind. Es kennt auch die Welt und kennt sich in ihr aus. Am besten macht man sich das durch den Orientierungssinn klar, der uns in einer vertrauten Stadt den Weg finden läßt. Wir könnten gar nicht so einfach angeben, wie wir uns zurechtfinden, und einem Fremden könnten wir vielleicht nicht einmal den Weg erklären, aber unseren eigenen Weg finden wir ohne jede Schwierigkeit. Wir müssen uns nicht mühsam den Kopf zerbrechen und auf die Häuser oder Seitenstraßen achten, sondern steuern geradewegs auf unser Ziel zu, oft ohne auch nur auf die

Umgebung zu achten. Gewöhnlich brauchen wir keinen Stadtplan. Stadtpläne wären ohnehin kaum von Nutzen ohne einen gewissen Orientierungssinn, den wir schon brauchen, um uns auf einem Plan zurechtzufinden und den Plan auf unsere unmittelbare Umgebung anzuwenden. Das ist auch kein bloß analoges Verhältnis, denn die Welt des Daseins, betont Heidegger, ist eine räumliche. Sie ist nicht räumlich im Sinne von Descartes oder Newton (oder auch im Sinne von Leibniz); sie ist keine Welt der kalten, neutralen Koordinaten, sondern eine Welt der Richtungen: oben-unten, rechts-links, vor-hinter und Nord-Süd-Ost-West. In der Welt sind die Dinge nah oder fern, aber Entfernungen bemessen sich in ihr nicht nur in Meilen oder Kilometern. Was nah ist, wo ein Vogel fliegt, kann fern sein, wenn ein unüberquerbarer Fluß oder ein Berg dazwischenliegen, und Dinge, die zu nahe sind, wie die Brille auf meiner Nase, können zu fern sein, um gesehen zu werden. Es ist eine Welt, in der jedes Ding seinen rechtmäßigen Platz hat, und nicht eine Euklidische Welt, in der jeder Gegenstand einen beliebigen Raum seiner Größe einnehmen kann.

Das Apriori

Wie ist ein solches In-der-Welt-sein möglich? Ist Dasein bloß eine leere Tafel, auf der verzeichnet wird, was immer die Welt ihm anbietet? Nach Heideggers Auffassung sicher nicht. Da Welt und Dasein sich wechselseitig ergänzen, müssen Züge der Welt durch Züge des Daseins erklärt werden, und die grundlegendsten dieser Eigenarten sind apriorischer Art. Vieles von dem, was das Dasein weiß, lernt es natürlich erst recht spät. Das eine Dasein kann mit einem Computer umgehen und sich auf einer Tastatur zurechtfinden, versteht aber nur wenig von Fußball oder Schreinerarbeiten. Ein anderes kennt sich beim Fußball oder im Schusterhandwerk aus, kann aber nichts mit einem Computer anfangen. Wir alle kennen jedoch, wenn auch zumeist stillschweigend und unausgesprochen, Werkzeuge und Alltagsgegenstände oder „Zeug", wie Heidegger sagt, und auf diese stillschweigende Art wissen wir auch, was ein „Zeugzusammenhang" ist, was ein Fußball, eine Schreinerwerkstatt und das Arbeitszimmer eines Autors gemein haben. Auch Menschen aus ganz anderen Kulturkreisen als unserem, die nichts über unsere Praktiken und Beschäftigungen wissen, würden, in unsere Welt versetzt, eine Werkstatt als Werkstatt erkennen und nicht bloß einen Haufen zerstreuter Dinge sehen, selbst wenn sie überhaupt nichts über die Einzelheiten dieses bestimmten Handwerks wissen (20, 334). Ein Verständnis dessen, was ein Werkzeug ist und was eine Welt ist, in der es Werkzeuge gibt, gehört zum wesentlichen Seinsverständnis des Daseins, ohne welches es nicht Dasein wäre.

Oder betrachten wir noch einmal die Räumlichkeit. Das Dasein erhält seinen Orientierungssinn nicht ohne weiteres von der es umgebenden Welt. Die Welt ist räumlich, weil das Dasein räumlich ist. Ein Dasein, das sich in Meßkirch oder Freiburg auskennt, muß sich natürlich noch nicht in Marburg auskennen, in Berlin, Los Angeles oder in der Wüste Gobi. Wird es an einen dieser Orte versetzt, ist es natürlich orientierungslos; selbst wenn es dieses oder jenes Gebäude, einzelne Straßen oder Plätze erkennt, findet es sich deshalb noch lange nicht zurecht. Aber seine Orientierungslosigkeit ist ein Zeichen seiner inneren Räumlichkeit, und es wird nicht lange dauern, bis es sich orientiert und seine neue Umgebung anhand vertrauter räumlicher Richtungen sieht.

Mitsein

Eine ähnliche Darstellung gibt Heidegger von unseren Beziehungen zu anderen Menschen. Insbesondere Philosophen, die (wie Husserl) den Menschen als Wesen auffassen, das vor allem mit seinen eigenen Bewußtseinszuständen vertraut ist, stellen unser Gewahrsein anderer folgendermaßen dar: Zuerst werde ich mir meiner eigenen Existenz und der Existenz von anderem nichtmenschlichem Seienden gewahr.

Ich lerne etwas über meinen eigenen Körper, seine Gestalt, seine Erscheinung und sein Tun, und ich bin mir auch meiner inneren Erfahrungen bewußt. Dann bemerke ich, daß es noch andere Seiende gibt, die eine ähnliche Gestalt besitzen wie ich und unter vergleichbaren Umständen ähnlich handeln. Der Philosoph fragt sich nun, wie all das möglich – verständlich, begründbar – ist, wie ich diesen anderen Seienden innere geistige Zustände zuschreiben kann, die den meinen ähneln. Durch Einfühlung vielleicht? Aber wie ist Einfühlung möglich?

Dieser Ansatz ist nach Heidegger völlig verfehlt. Er ignoriert sowohl das Seinsverständnis des Daseins wie sein In-der-Welt-sein. Solange Dasein existiert, ist es „mit anderen". Es weiß so gut, was eine andere Person ist, wie es sich selbst oder irgendein anderes Seiendes kennt. Es muß nicht erst die Einzelheiten der äußeren Erscheinung einer Person untersuchen, um festzustellen, daß es sich um eine Person handelt. Wir sind uns oft der Gegenwart anderer bewußt, ihres Tuns und ihrer Einstellung zu uns, ohne uns der Einzelheiten ihrer Erscheinung bewußt zu sein. Selbst wenn niemand da ist – wenn die Werkstatt leer und die Wüste unbewohnt ist –, sind die anderen eben durch ihre Abwesenheit auffällig. „Auch das Alleinsein des Daseins ist Mitsein in der Welt" (20,328). Heidegger beschreibt nicht einfach den phänomenalen Charakter unserer Erfahrung von anderen, sondern – davon ist er überzeugt – einen strukturellen Zug des Daseins. Allein ist das Dasein unvollständig, es besitzt keine eigene Natur, in der es zufrieden verharren kann, sondern es muß sich entscheiden, wie es sein will. Aber dann schreit förmlich alles, was das Dasein tut oder ist, nach den anderen. Sie liefern ihm die Dinge, die es zum Leben braucht, sie sind Abnehmer seiner Erzeugnisse, Zuhörer, Leser. Die Welt des Daseins ist wesentlich eine öffentliche, die anderen ebenso zugänglich ist wie ihm selbst.

Heidegger spricht in solchen Fällen nicht von einem Wissen oder einer Erkenntnis des Daseins. Der Begriff „Wissen" meint etwas viel zu Umgrenztes und Theoretisches. Heidegger spricht vielmehr von „Verstehen" – verstehen, wie man etwas macht, sowie das Verstehen von Welt, von anderen und allgemein von Sein. Bevor er erklärt, was Verstehen ist, wendet er sich den *Stimmungen* zu.

Stimmungen gelten oft als geistige Dinge, als innere Gefühle, die in unserem Umgang mit der Welt bestenfalls eine untergeordnete Rolle spielen. Aber Heidegger sieht die Stimmungen ganz anders. In einer bestimmten Stimmung zu sein bedeutet, die Welt auf eine bestimmte Weise zu sehen, und die Stimmungen beeinflussen ganz wesentlich unseren Umgang mit der Welt und die Art und Weise, wie wir auf Dinge in dieser Welt reagieren. Stimmungen unterscheiden sich von Gefühlen. Gefühle betreffen ganz konkretes Seiendes. Ich bin über etwas wütend, in der Regel über eine Person. Wenn ich aber in einer gereizten Stimmung bin, dann brauche ich nicht von diesem oder jenem gereizt zu sein, auch wenn ich in dieser Stimmung wahrscheinlich leichter als sonst über dieses oder jenes in Wut gerate. Wenn sich Stimmungen auf etwas richten, dann auf die Welt und nicht auf Seiendes in der Welt. Die objektlose Angst oder Langeweile (um Heideggers Beispiele zu nehmen) werfen einen Schatten über die Welt als ganze, anders als die konkrete Furcht angesichts einer bestimmten Bedrohung oder die konkrete Langeweile z.B. bei einer Predigt. Stimmungen können wir kaum steuern. Ich kann meine Handlungen steuern, z.B. kann ich entscheiden, was ich tun möchte, oder ich kann etwas nicht tun, wozu es mich drängt. Bis zu einem gewissen Grad kann ich auch meine Gefühle steuern: Ich kann mich beherrschen und der Person, über die ich mich ärgere, keine Beleidigung an den Kopf werfen; ich kann meine Gedanken auf etwas anderes richten, um meinen Ärger abzukühlen. Aber Stimmungen kommen und gehen, wie sie wollen, und kümmern sich nicht um uns. Da sie kein bestimmtes Seiendes betreffen, kann ich den Schatten der Depression nicht durch die Veränderung dieses oder jenes Seienden abschütteln; jedes bestimmte Seiende, dem ich mich zuwende, liegt unter demselben Schatten. Heidegger drückt das mit dem ungebräuchlichen Wort *Befindlichkeit* aus, das in etwa bedeutet: „wie man sich findet", „wie es einem geht", das aber keinesfalls als „Geisteszustand" mißverstanden werden darf. Das gebräuchlichere Wort Stimmung meint auch das Stimmen eines Musikinstrumentes, und auch diese Assoziation macht sich Heidegger zunutze: In einer Stimmung sein heißt, in einer bestimmten Art gestimmt oder eingestimmt sein.

Sind aber Stimmungen wirklich so wichtig, wie Heidegger annimmt? Die meiste Zeit sind die meisten von uns in gar keiner definierbaren Stimmung, und selbst wenn wir in schlechter Stimmung sind, gehen wir doch in der Regel unseren normalen Geschäften genauso nach, wie wir es tun, wenn wir in guter Stimmung sind. Was sind aber unsere normalen Geschäfte? Weshalb schaut Heidegger, um auf das obige Beispiel zurückzukommen, auf einen Tisch und auf das Zimmer, in dem er steht, statt sich seinen Geschäften zuzuwenden wie der Handwerker in der Werkstatt? Vielleicht, weil er allein zu Hause ist? Sicher nicht. Im Nachbarzimmer mögen sich Leute aufhalten und hitzig diskutieren oder Karten spielen. Auch wenn er allein ist, könnte er die Gelegenheit nutzen und ein Buch lesen oder einen Plan für ein Buch entwerfen. Liegt es daran, daß er mehr oder auch weniger als die anderen von seiner Umgebung versteht? Auch nicht. Der Handwerker und die anderen im Haus verstehen davon auf gewisse Weise ebensoviel wie Heidegger. Auch sie betrachten manchmal ihre Umgebung, auch wenn sie sie nicht so treffend beschreiben wie Heidegger. Es muß also daran liegen, daß Heidegger gerade in einer Stimmung, sagen wir der nachdenklichen Nostalgie ist. Er ist nicht in der Stimmung zu Gesprächen, zum Kartenspielen, zum Lesen oder Schreiben. Natürlich kann er durch die anderen jederzeit aus seiner Stimmung herausgerissen werden, oder er kann seiner Stimmung zu entkommen suchen, indem er sich den anderen anschließt. Aber nicht alle Stimmungen lassen sich so leicht loswerden oder überwinden:

> „Ich wanderte in eine Nachbarstadt; und setzte mich auf eine Bank am Weg und fiel in tiefes Grübeln über meine Sünde und den schrecklichen Stand, in den sie mich gestürzt; und nach langem Sinnen hob ich mein Haupt; aber mich dünkte, die Sonne, die im Himmel scheint, wollt' mir kein Licht geben; und mich dünkte, als wollten alle Steine auf der Straße und alle Ziegeln auf den Häusern sich verschwören gegen mich. Mich dünkte, sie alle wollten mich aus der Welt vertreiben. Mir wurde bang vor ihnen, und ich wußte nicht, wie ich unter ihnen wohnen sollte, denn ich hatte gesündigt wider den Erlöser. Oh, wie glückselig war da jed' Geschöpf außer mir! Denn es stand fest und wankte nicht. Ich aber, ich war verloren." (John Bunyan, *Grace Abounding*)

Aber wenige von uns, könnten wir einwenden, bleiben lange in einem solch lähmenden Zustand. Können wir solche seltenen Stimmungen nicht einfach ignorieren und als Randphänomene des Seins in der Welt beiseite lassen? Selbst wenn wir das könnten, würde daraus nicht folgen, daß Stimmungen als solche unwichtig sind. Denn wenn der geschäftige Handwerker oder der nachdenkliche Heidegger auch nicht in eine Stimmung fallen oder fallen können, wie Bunyan sie hier beschreibt, so müssen sie doch in irgendeiner anderen Stimmung sein. Das Dasein ist nie ungestimmt, ebenso wie es nie ohne Sorge ist. In einem durchschnittlichen, alltäglichen, scheinbar stimmungslosen Zustand sein heißt, selber in einer Stimmung sein, selbst wenn wir dafür keinen passenden Ausdruck haben und auch keine einfache Beschreibung davon geben können. Die Musik, die uns oftmals den Zugang zur Welt eines Films erschließt, übermittelt die Stimmung dieses Films: Ausgeglichenheit, Aufregung, gespannte Erwartung oder durchschnittliche Alltäglichkeit. Aber nur in Filmen brauchen Stimmungen Musik. Wir bringen unsere eigenen Stimmungen ohne spezielle Hilfsmittel in die Welt.

Kann man Bunyans Stimmung überhaupt zu Recht als lähmend bezeichnen? Solange sie dauert, können wir uns nicht mit der Herstellung von Schuhen befassen, mit dem Verfassen von Büchern, mit der Eintönigkeit des Alltagslebens oder mit schwierigen Entscheidungen. Ist Bunyans Stimmung nicht eine ganz angemessene Reaktion auf eine begangene Sünde? Die meisten von uns sind froh, von solchen Stimmungen frei zu sein. Aber die wenigsten von uns sind auch Philosophen von Heideggers Format und Leidenschaft für das Denken. Stimmungen wie die beschriebene, glaubt Heidegger, enthüllen uns Dinge, die uns normalerweise verborgen bleiben. Sie werfen auf eine Weise Licht auf die Welt und unser Sein in ihr, wie das Alltagsleben das gar nicht kann. Der Handwerker erfaßt einen Augenblick lang seine Welt und den weltlichen Charakter dieser Welt, wenn ihm ein Werkzeug fehlt; er nimmt das Ganze wahr, wenn ihm auffällt, daß ein Teil fehlt. Aber eine Stimmung wie die Bunyans erschließt die Welt viel kraftvoller und denkwürdiger: Sie enthüllt die Weltlichkeit der Welt und, im Gegensatz dazu, die alltägliche Unaufdringlichkeit der Welt. Heidegger hält solche Stimmungen (oder zumindest weniger extreme Fälle, vor allem die Langeweile und die Angst) für wichtige Quellen philosophischer Einsicht. Natürlich sind solche Stimmungen nicht dem Philosophen allein vorbehalten. Auch das unphilosophische alltägliche Dasein ist ihnen ausgesetzt, und die Stimmungen spielen auch eine wichtige Rolle, wenn Heidegger versucht zu erklären, wie das Dasein zum Philosophen wird. Stimmungen allein erschließen jedoch noch nicht die Welt, unerläßlich dazu ist vielmehr auch das Verstehen.

Verstehen

Das alltägliche Dasein versteht die Welt, die Dinge in der Welt und sich selbst, und auch hier ergibt sich eine Verbindung zwischen dem alltäglichen Dasein und dem Philosophen. Denn auch Heidegger will das Dasein, die Welt und ihr Sein verstehen und deuten. (In der Einleitung zu SuZ bezeichnet er sein Unternehmen als hermeneutisches, d. h. deutendes – deutend in einem ähnlichen, wenn auch nicht exakt gleichen Sinn wie bei der Auslegung eines Textes.) Heideggers Unterfangen ist eine Fortsetzung dessen, was das Dasein bereits alltäglich tut. Doch es ist nicht einfach eine Fortsetzung davon. Denn Heidegger will begrifflich darstellen und erklären, was er versteht, während das Verständnis des alltäglichen Daseins rein vorbegrifflicher Art ist. Sein Verstehen ist nicht dasselbe wie theoretische Erkenntnis. Erkenntnis setzt im Gegenteil schon ein Verständnis dessen voraus, was wir erkennen wollen, ganz ähnlich wie Heideggers Versuch einer begrifflichen Darstellung des Sinns von Sein bereits ein *Verständnis* des Seins voraussetzt. Verstehen bildet also keinen Gegensatz zu anderen Zugangsweisen zu den Dingen, wie Erkennen und Erklären. Es wird von ihnen allen immer schon vorausgesetzt, weil es zum Teil unser In-der-Welt-sein ausmacht.

Dasein versteht weniger diesen oder jenen Gegenstand seiner Umwelt als vielmehr seine Umwelt als ganze und seinen eigenen Platz in ihr. Aber es versteht seine Umwelt auch nicht einfach, wie man einen fremdartigen Text oder eine andere Kultur versteht, mit denen man eigentlich gar nichts zu tun hat. Es versteht seine Umwelt in den Möglichkeiten, die sie ihm eröffnet, und anders könnte es sie auch gar nicht als „bedeutsam" verstehen. Heidegger spricht zwar vom „Entwurf" des Daseins auf seine Möglichkeiten hin, aber damit meint er nicht etwa ein Projekt oder einen Plan, sondern einfach folgendes: „Dasein versteht sich immer schon und immer noch, solange es ist, aus Möglichkeiten" (SuZ 145). Der Schuster betrachtet seine Werkstatt als ein Feld von Möglichkeiten für sich und fragt sich vielleicht, welche Möglichkeit er als nächste ergreifen soll. Selbst der sorglose Strandurlauber versteht sich so: Soll er liegenbleiben, schwimmen gehen oder sich ein Glas genehmigen? „Dasein [ist] ständig ‚mehr', als es tatsächlich ist" (SuZ 145); es ist unaufhörlich (außer im Schlaf) hin und hergerissen zwischen verschiedenen Möglichkeiten. Der Mensch ist kein passives Geschöpf, das nur durch äußere Reize aktiv wird, sondern er hat ständig etwas im Sinn.

Auslegung

Auslegung ist etwas ausdrücklicher als Verstehen, es bedeutet ursprünglich soviel wie „ausbreiten" oder „hinauslegen". Ich lege weniger meine Umwelt als ganze aus als vielmehr besondere Dinge in ihr, auch mich selbst. Ich lege etwas *als* etwas aus, als Hammer zum Beispiel, und zwar primär in Begriffen des *Wozu* dieses Dings, in diesem Fall also als Ding zum Nägeleinschlagen. Die Auslegung konzentriert sich zwar nicht auf die Umwelt als ganze, setzt aber doch ein Verständnis der Umwelt als ganzer schon voraus. Ich kann etwas nicht als Hammer auslegen, wenn ich nicht schon etwas von Nägeln, Holz usw. verstehe, und ebenso muß ich schon ein Vorverständnis von dem haben, was ein Werkzeug und Zeug überhaupt ist. Heidegger läßt keinen Zweifel daran, daß ich, wenn ich etwas als Hammer auslege, nicht etwa zunächst den Gegenstand als bloß vorhandenen sehe, ein Stück Holz mit einem Eisenstück, das ich erst anschließend als Hammer auslege. Ich verstehe diesen Gegenstand vielmehr bereits von Anfang an implizit als *zuhanden*, als Zeug, mit dem ich umgehe:

> „[Die Auslegung] wirft nicht gleichsam über das nackte Vorhandene eine ‚Bedeutung' und beklebt es nicht mit einem Wert, sondern in dem innerweltlichen Begegnenden als solchen hat es je schon eine im Weltverstehen erschlossene Bewandtnis, die durch die Auslegung herausgelegt wird." (SuZ 150)

Jede Auslegung involviert schon eine *Vorhabe*, eine *Vorsicht* und einen *Vorgriff* (ebd.). Der Auslegende hat im voraus schon den Gegenstand seiner Auslegung; so hat beispielsweise Heidegger bereits ein Vorverständnis des Daseins, bevor er mit dessen Auslegung überhaupt beginnt. Der Auslegende sieht seinen Gegenstand auf eine ganz bestimmte Weise; Heidegger etwa sieht das Dasein in Hinblick auf sein Sein. Der Auslegende verfügt über Vorauffassungen, Begriffe, mit denen er seinen Gegenstand auslegt; Heidegger z. B. verfügt in seiner Auslegung des Daseins über den Begriff der „Existenz“. Jede Auslegung, von der alltäglichen bis zur philosophischen, weist eine solche „Vor-Struktur“ auf.

6. Sprache, Wahrheit und Sorge

Die Auslegung braucht nicht sprachlich ausgedrückt zu werden. Am wahrscheinlichsten drücke ich meine Auslegung von etwas dann in Worten aus, wenn etwas nicht in Ordnung ist, nicht funktioniert, nicht verfügbar ist oder einem Neuling erklärt werden muß. Aber die Sprache entsteht aus der Auslegung und aus den Bedeutungen, die sie aus-legt: „Den Bedeutungen wachsen Worte zu" (SuZ 161). Die Wörter und die Gegenstände, auf die sie sich beziehen, gehören nicht getrennten Sphären an: Wörter beziehen sich wesentlich auf Gegenstände, und Gegenstände sind umgekehrt wesentlich bedeutsam und rufen somit Wörter hervor. Die Grundform der Sprache ist nach Heidegger die Rede, die sich an jemanden richtet und über etwas redet. Aber sie muß nicht ausschließlich aus Aussagen bestehen, ja sie kann ganz ohne Aussagen auskommen; Fragen, Befehle usw. können die Welt ebensogut erschließen. Sie muß auch nicht aus grammatisch vollständigen Äußerungen bestehen: „Zu schwer! – Den anderen!" ist eine vollkommen sinnvolle Rede. Auch das Schweigen ist Teil der Rede: Wenn jemand mir einen anderen Hammer gibt, muß er gar nicht erklären: „Der da ist zu schwer – versuch diesen!" Aussagen erwachsen aus der Rede. Statt zu sagen: „Zu schwer! – Den anderen!" sage ich dann: „Dieser Hammer ist zu schwer", und schließlich: „Der Hammer ist schwer". Die Rede entfernt sich immer weiter von den konkreten Redesituationen der Werkstatt. Der Hammer wird nicht mehr als etwas Zuhandenes gesehen, als Werkzeug, das man benutzen oder weglegen kann, sondern als Vorhandenes, als Träger von Eigenschaften, und das ganz unabhängig vom Zusammenspiel mit anderen Werkzeugen oder von seinem „Bewandtniszusammenhang". Am Ende nehmen wir dann einen Satz wie „Schnee ist weiß" – der eher in Büchern zur Logik als im Alltag vorkommt – als Modell einer bedeutsamen Äußerung. Solche Aussagen gelten dann als Ort der Wahrheit; sie sind dann und nur dann wahr, wenn sie den Tatsachen oder irgendeinem solchen Gegenstand innerhalb der Welt entsprechen.

Wahrheit

Zu den erstaunlichsten Lehren Heideggers gehört nun die Ablehnung dieser Auffassung von Wahrheit. Wahrheit, sagt er, ist Entdecken oder Erschlossenheit. Das Dasein selbst ist der vorrangige Ort der Wahrheit: „*Alle Wahrheit ist gemäß deren wesenhaften daseinsmäßigen Seinsart relativ auf das Sein des Daseins*" (SuZ 227). Natürlich verurteilt und verschmäht Heidegger nicht das Formulieren von Aussagen, das vielmehr wesentlich zur Arbeit des Philosophen gehört. Eine Aussage wie „Der Hammer ist schwer" weist drei Aspekte auf (vgl. SuZ 154ff.). Sie zeigt etwas als Hammer auf, und ist so mit dem „als" der Auslegung verbunden. Aber dieses Ding ist jetzt lediglich ein vorhandenes, das von dem Bewandtniszusammenhang mit seiner Umwelt losgelöst ist. Zweitens sagt die Aussage etwas aus, sie prädiziert etwas vom Hammer, und zwar Schwere. Und drittens teilt die Aussage dies nach Heidegger jemand anderem mit. Weshalb sind also Aussagen nicht der vorrangige Ort der Wahrheit?

Eine Aussage gilt dann und nur dann als wahr, wenn sie einer Tatsache entspricht. Diese Auffassung verwirft Heidegger aus folgendem Grund: Wäre diese Auffassung richtig, dann müßte es zunächst eine Aussage geben, die einer Tatsache entsprechen kann, und zweitens eine Tatsache, der sie entspricht. Aber das ist beides nicht der Fall. Denn was ist, erstens, eine Aussage? Vielleicht eine Kette von Wörtern oder eine Reihe von Vorstellungen im Kopf des Sprechers, die dann dem Hörer mitgeteilt werden, oder auch eine ideale, logische Größe, eine zeitlose Proposition. Aber Wortklänge, Ideen und Propositionen sind Konstrukte, die der einfachen Sprechsituation übergestülpt werden, indem die Aussage selbst als ein ganz bestimmtes Vorhandenes betrachtet wird. Aber keines der drei genannten Konstrukte ist dem normalen Sprecher und Hörer überhaupt gegenwärtig. Ich sage nichts über die Idee eines Hammers aus, und mein Zuhörer faßt meine Aussage auch nicht als Aussage über eine Idee auf. Im allgemeinen bin ich mir der genauen Wörter, die ich ausspreche, nicht einmal bewußt, und erst recht nicht ihres Klangs, der Laute. Auch hört mein Zuhörer nicht auf die von mir geäußerten Wörter als solche; vielmehr wendet er sich dem Hammer und seiner Schwere zu und kann vielleicht nicht einmal mehr den genauen Wortlaut meiner Äußerung angeben. Auf jeden Fall haben Wörter bereits Bedeutung und verweisen damit unausgesprochen schon auf die Dinge, denen sie angeblich entsprechen. Wenn Aussagen jedoch eigentlich unabhängig von den Tatsachen sein sollen und diesen entsprechen oder nicht entsprechen können, dann sollten wir sie wohl am besten als bloße Laute betrachten. Aber eben dies tun wir nicht, sagt Heidegger:

> „‚Zunächst' hören wie nie und nimmer Geräusche und Lautkomplexe, sondern den knarrenden Wagen, das Motorrad. Man hört die Kolonne auf dem Marsch, den Nordwind, den klopfenden Specht, das knisternde Feuer.
>
> Es bedarf schon einer sehr künstlichen und komplizierten Einstellung, um ein ‚reines Geräusch' zu ‚hören'. (...)
>
> Auch im ausdrücklichen Hören der Rede des Anderen verstehen wir zunächst das Gesagte, genauer, wir sind im Vorhinein schon mit dem Anderen bei dem Seienden, worüber die Rede ist. (...) Sogar dort, wo das Sprechen undeutlich oder gar die Sprache fremd ist, hören wir zunächst *unverständliche* Worte und nicht eine Mannigfaltigkeit von Tondaten." (SuZ 163 f.)

Können Worte Bedeutungen unabhängig von Dingen haben, auf die wir sie anwenden und auf die sie sich beziehen, so daß wir sagen können, was sich auf eine Tatsache bezieht, ist ein bedeutungsvoller Satz oder eine Proposition? Nein. Ein Wort wie „Hammer" oder „Kultur" hat nicht eine einzige bestimmte Bedeutung oder Konnotation; seine Bedeutung hängt vielmehr ab von (und variiert mit) der Welt, in der es gebraucht wird. Heidegger drückt das in seinen Nietzsche-Vorlesungen noch dramatischer aus:

> „Das Leben der wirklichen Sprache besteht in der Vieldeutigkeit. Die Umschaltung des lebendigen, schwingenden Wortes in die Starrheit einer eindeutig, mechanisch festgelegten Zeichenfolge wäre der Tod der Sprache und die Vereisung und Verödung des Daseins." (6.1, 145)

Es gibt keine vor-verpackte Portion von Bedeutung, die hinreichend unabhängig von der Welt und den Dingen in ihr wäre und der Welt entsprechen oder auch nicht entsprechen kann. Die Worte und ihre Bedeutungen sind von vornherein welthaltig.

Wenn wir andererseits nach Tatsachen suchen, denen Aussagen entsprechen könnten, z. B. daß der Hammer schwer ist, dann werden wir ebenfalls nicht fündig. Der Hammer ist in einen Bewandtniszusammenhang mit anderen Dingen eingelassen und hat seinen Platz in der Welt. Der Aussagende und sein Zuhörer wissen das auch unausgesprochen; andernfalls könnten sie gar keine Aussagen treffen oder hören oder verstehen. Die Welt wird nicht in erster Linie durch Aussagen erschlossen, sondern durch Stimmungen und Verstehen des Daseins, und damit ist das Dasein der vorrangige Ort der Wahrheit.

Sagt Heidegger die Wahrheit?

Heidegger trifft Aussagen. Er sagt z. B. aus, daß die Aussage nicht der vorrangige Ort der Wahrheit ist. Ist diese Aussage (und die anderen, die er macht) wahr? Ist die Theorie, die er verwirft, falsch? Wenn ja, in welchem Sinn sind dann Heideggers Aussagen wahr und die anderen falsch? Falschheit ist für Heidegger nicht gleichrangig mit Wahrheit verknüpft, wie für diejenigen, die beide primär in Aussagen verorten. Wenn ich aussage: „Der Hammer ist schwer", jemand anders aber erwidert: „Nein, der Hammer ist nicht schwer", dann trifft einer von uns eine falsche Aussage. Damit das aber überhaupt möglich ist, müssen wir beide uns schon einig sein, daß da ein Hammer ist und noch allgemeiner, daß wir gemeinsam ein und dieselbe Welt bewohnen. Falschheit ist nur möglich vor dem Hintergrund von Wahrheit und Übereinstimmung in bezug auf diese Wahrheit. Dennoch gibt es Falschheiten, aber für Heidegger bestehen diese nicht darin, daß ein Satz nicht der Wirklichkeit entspricht. Bei der Falschheit ist vielmehr eine Verdeckung der Dinge im Spiel, eine Verzerrung, und diese findet nicht notwendig in falschen Aussagen statt, sondern kann auch in Auslassungen und durch nichtsprachliche Handlungen zustande kommen. (Wie der britische Historiker Macaulay einmal sagte: „Eine Geschichte, in der jedes einzelne Detail wahr ist, kann dennoch falsch sein.") Im Gegensatz dazu besteht Wahrheit im Entbergen von Dingen. Sie besteht darin, Dinge zu erhellen oder Licht auf sie zu werfen, und hier gibt es nur Grade, ein Mehr oder Weniger, aber kein Entweder – Oder. Die Erhellung ist niemals vollständig, und sie ist auch niemals vollständig abwesend („jede Philosophie, als Sache des Menschen, mißlingt", sagt Heidegger einmal, „und Gott braucht keine Philosophie" 26, 95). Heidegger nennt also selten seine eigenen Ansichten wahr und die seiner Gegner falsch. Das Licht, das er auf die Dinge wirft, hat nur eine gewisse Reichweite, und Philosophen, die völlig andere Thesen vertreten, befinden sich nie in völliger Dunkelheit. Viel öfter nennt Heidegger die Ansichten anderer Philosophen nicht „ursprünglich" genug, und zwar in dem Sinn, daß sie dem „Ursprung" der Dinge, ihrem Grund nicht nahe genug kommen. Das Licht, das sie auf die Dinge werfen, reicht nicht weit genug. Natürlich können sie sogar Dinge verdecken, nicht nur dadurch, daß sie sie in falschem Licht erscheinen lassen, sondern auch dadurch, daß sie das Licht in die falsche Richtung werfen.

Heidegger hält sich noch aus einem anderen Grund zurück, die

Ansichten seiner Gegner einfach als falsch zu verdammen. Das Dasein ist in (der) Wahrheit, sonst könnte es nicht in der Welt sein. Aber es ist auch in der Unwahrheit, nicht nur, weil die Dinge durch es erhellt werden müssen und immer ungenügend erhellt werden, sondern weil das Dasein stets dazu neigt, sich selbst und anderes Seiende falsch auszulegen. Auch ein Philosoph ist Dasein und unterliegt derselben Neigung. Philosophische Irrtümer sind nie einfach nur Fehler. Philosophen irren, weil das Dasein irrt. Die Irrtümer der Philosophen enthüllen einen grundlegenden Zug des Daseins.

Verfallen

Weshalb irrt Dasein? Offenbar aus einer ganzen Reihe von Gründen. Weil es vor allem mit Dingen in der Welt beschäftigt ist, neigt es dazu, sich selbst als Ding zu betrachten, als zuhanden und wahrscheinlicher noch als vorhanden wie die Dinge, mit denen es umgeht. (Heidegger spricht von der „ontologische(n) Rückstrahlung des Weltverständnisses auf die Daseinsauslegung" [SuZ 16].) Aus dem gleichen Grund neigt es dazu, das Offensichtliche zu übersehen, das zu nah ist, um aufzufallen: seine eigene Natur und sogar sein eigenes In-der-Welt-sein überhaupt im Gegensatz zu den Dingen, mit denen es umgeht. Einmal mehr unterwirft sich das Dasein der Herrschaft des *Man*; es handelt, spricht, empfindet und denkt, weil „man" so handelt, spricht usw. Damit verbunden ist die Neigung des Philosophen – und nicht nur des Philosophen –, sich der Überlieferung unterzuordnen, überkommene Begriffe, Lehren und Sichtweisen zu übernehmen, ohne sie einer erneuten Prüfung zu unterziehen. Heidegger faßt diese anscheinend sehr unterschiedlichen Arten des Irrtums unter dem Begriff des Verfallens zusammen.

Dieser Begriff wird in SuZ in der weiteren Darstellung der Aussage eingeführt. Aussagen sind wesentlich kommunizierbar. Ihr Urheber trifft sie in Gegenwart der Dinge, von denen seine Aussagen handeln. Die Weitergabe einer Aussage an eine andere Person führt jedoch dazu, daß andere sie übernehmen, ohne mit der ursprünglichen Evidenz für sie vertraut zu sein, einfach als das, was „man" eben sagt. Die Rede wird damit zu bloßem Gerede. Eng mit dem Gerede ist die Neugier verwandt, buchstäblich „die Gier nach Neuem". Das neugierige Gerede ist ständig auf der Suche nach den letzten Neuigkeiten. Man sieht und liest, was „einer" und „man" gesehen und gelesen haben muß. Gerede und Neugier lassen Zweideutigkeit und Doppelbödigkeit entstehen. Wenn jeder über alles redet, dann kann man gar nicht mehr sagen, wer wirklich weiß, wovon er redet – höchstens kann man annehmen, daß jemand, der etwas wirklich versteht, eher schweigt, als draufloszureden. Fragen, die in Wahrheit offen sind, gelten als abgeschlossen. Die Zweideutigkeit und Zwiespältigkeit schleicht sich aber auch in unsere Beziehungen zueinander ein: „Unter der Maske des Füreinander spielt ein Gegeneinander" (SuZ 175). All dies und mehr hat seine Ursache im Verfallen:

> „[D]as Dasein ist zunächst und zumeist *bei* der besorgten ‚Welt'. Dieses Aufgehen bei … hat meist den Charakter des Verlorenseins in die Öffentlichkeit des Man. Das Dasein ist von ihm selbst als eigentlichem Selbstseinkönnen zunächst immer schon abgefallen und an die ‚Welt' verfallen. Die Verfallenheit an die ‚Welt' meint das Aufgehen im Miteinandersein, sofern dieses durch Gerede, Neugier und Zweideutigkeit geführt wird." (SuZ 175)

Sagen, daß das Dasein von sich selbst abgefallen sei, heißt nicht sagen, daß es früher in einem Zustand des Nicht-Verfallenseins gewesen sei. Vielmehr ist das Dasein *immer schon* an die Welt verfallen, ähnlich wie ich *immer schon* Einkommenssteuer bezahlt und nie mein Bruttogehalt bekommen habe (und gäbe es keine Einkommenssteuer, dann würde ich ebenfalls nicht *dieses* Bruttogehalt bekommen).

Heideggers Ausführungen über das Verfallen sind lebendig und fesselnd, lassen aber doch Zweifel aufkommen. Er beharrt nun darauf, daß der Zustand unserer durchschnittlichen Alltäglichkeit ein

Zustand des Verfallenseins und der Uneigentlichkeit ist. Wie kann man aber vom Handwerker in seiner Werkstatt plausibel behaupten, sein Leben sei durch Gerede geleitet, durch Neugier und Zweideutigkeit? Das mag für Journalisten und Zeitungsleser zutreffen, für Kulturkonsumenten und Philosophen, aber der ehrliche Handwerker mag gar nicht auf das achten, wovon er nichts versteht, er kümmert sich vielleicht gar nicht um das Geschwätz der Nachbarn und läßt über sie auch keine zweideutigen Bemerkungen fallen, und für sein alltägliches Leben und Arbeiten ist das auch nicht wesentlich. Weshalb also ist das Verfallen ein unhintergehbarer Bestandteil seines Seins? Aus zwei Gründen. „Zunächst und zumeist" geht der Handwerker in seinen täglichen Verrichtungen auf und tritt in der Regel nicht zurück, um sein Leben und seine ganze Lage überhaupt ins Auge zu fassen. Zweitens ist die Welt, in der er arbeitet, eine öffentliche, keine private Welt. Sie bezieht ihre Bedeutung von anderen oder genauer vom anonymen *Man* – und nicht nur von ihm selbst. Er fertigt diese oder jene Art Schuhe, weil *man* sie so haben will. Er macht sie aus Leder und benutzt einen Hammer, weil *man* Schuhe eben so macht und weil dieser Gebrauch von Leder und Hammer sozial vorgegeben ist. All das ist ausgesprochen vernünftig; soweit er weiß, gibt es keinen besseren Weg, Schuhe herzustellen, und da er ein fähiger Arbeiter mit einem Markt für seine Erzeugnisse ist, wäre er verrückt, sich ein anderes Handwerk zu suchen. (Er könnte seinen Hammer auch benutzen, um seinem Nachbarn den Schädel einzuschlagen, aber damit würde er kein Deut eigentlicher, und er würde sich damit nicht über seine Verfallenheit erheben, denn auch das Morden ist ein sozial vorgegebener Gebrauch des Hammers, wenn auch einer, der allgemein mißbilligt wird.) Dies ist der alltägliche Zustand des Daseins, und nach Heidegger ist er nie weit von Gerede, Neugier und Zweideutigkeit entfernt.

Was spricht letzlich gegen Verfallensein und Uneigentlichkeit? Auf einer Ebene ist damit alles in Ordnung, sie sind unvermeidliche Züge des Menschseins, und wir können nicht einfach aus unserem eigenen Zustand heraustreten, um ihn von außen zu beurteilen. Auf einer anderen Ebene glaubt Heidegger, daß sie zum Irrtum geführt haben. Das Aufgehen in der Welt oder genauer in den Dingen der Welt führt uns dazu, uns selbst wie etwas Vorhandenes zu betrachten, als denkendes Ding, Werkzeug, Maschine, Computer. Unsere Sucht nach Gerede führt dazu, daß wir Aussagen aus ihrer Verwurzelung in welthafter Bedeutsamkeit lösen und als unabhängige „Urteile" betrachten. In dieser Hinsicht ist das Seinsverständnis des Daseins ein unzuverlässiger Führer. Aber eben diese Irrtümer werden uns nicht notwendig durch das Gerede des *Man* aufgezwungen. *Man* mag sagen, der Mensch sei eine Maschine und Aussagen seien „Urteile", aber das ist nur eine Quelle des Irrtums neben anderen. Wenn wir glauben, der Mensch sei eine Maschine (oder ein „Subjekt"), weil uns unser alltäglicher Umgang mit der Welt einen solchen Glauben nahelegt, dann brauchen wir, um zu dieser Ansicht zu gelangen, das *Man* gar nicht. Und umgekehrt mag durchaus stimmen, was „man" sagt. Es mag unehrenhaft und fahrlässig sein, einfach zu übernehmen, was „man" sagt. Es mag dem Philosophen nicht anstehen, sich nur um das zu kümmern, was auf Konferenzen und in Zeitschriften gerade Thema ist, aber diese Themen können auch die wirklich wichtigen und die vorgeschlagenen Lösungen der Probleme die richtigen sein. Jedenfalls sind auch die großen Philosophen der Vergangenheit – Aristoteles, Descartes, Kant – in die Irre gegangen. Aber ganz sicher waren sie nicht weniger eigentlich, nicht weniger abgeneigt gegenüber der Verlockung von Gerede und *Man* als Heidegger selbst. Heidegger scheint die Wahrheit der Überzeugungen eines Menschen zu vermengen mit der „Eigentlichkeit" dieses Menschen selbst und seines Eintretens für seine Überzeugungen. Und er ist nicht der erste, der das tut. Auch Platon war der Ansicht, daß die Philosophie nicht bloß ein wirkungsvolles Erkenntniswerkzeug ist, sondern eine überaus wertvolle Lebensweise, die uns gleichsam die Augen unserer Seele für die Wahrheit öffnet.

Wenn wir an seine Darstellung der Wahrheit denken, läßt sich Heidegger gegen einige dieser Vorwürfe verteidigen. Wahrheit ist Entbergen und Erschlossenheit, Erhellung und Gelichtetsein. Wer das laufende Gerede einfach übernimmt und weitergibt, auch wenn es in dieser oder jener Hinsicht gar nicht falsch ist, erschließt nichts selber. Dagegen ist ein großer Philosoph selbst in seinen Irrtümern erhellend. Seine Irrtümer, sagt Heidegger, stammen in der Regel aus einer unzureichenden Überprüfung der Überlieferung, aber sein Denken ist dennoch nie schlicht falsch. Es verfestigt sich niemals zu etwas bloß Falschem oder bloß Wahrem, sondern ist immer, wie Heidegger auch von sich selbst sagt, „unterwegs", im Übergang begriffen, nicht am Ziel. Es wirft immer genug Licht, um uns in die richtige Richtung zu leiten, auch wenn sie von dem jeweils Gedachten wegführt. Vom Gerede kann man das nicht sagen. Das Gerede ist unbeweglich und in sich abgeschlossen. Es „beruhigt" uns, es läßt uns annehmen, daß die Dinge vollkommen geklärt sind und daß wir nicht weitersuchen müssen.

Heidegger verwirft die Ansichten seiner Gegner nicht einfach. Vielmehr will er zeigen, daß sich die Irrtümer der Philosophen aus einem Grundzug des Daseins selbst ergeben, seinem Verfallensein. Zu diesem Zweck argumentiert er, daß das alltägliche Dasein, verdeutlicht am Handwerker, der ganz in seiner Arbeit aufgeht, den gleichen Möglichkeiten des Scheiterns ausgesetzt ist wie der Philosoph und daß die Irrtümer des Philosophen nur verfeinerte, begriffliche Spielarten der alltäglichen Mißverständnisse sind. Im nächsten Kapitel werden wir sehen, daß Heidegger Aristoteles' Darstellung der Zeit als endloser Abfolge von Jetztmomenten nicht nur als die griechische Zeitauffassung überhaupt, sondern zugleich als „vulgäre" oder gewöhnliche Auffassung der Zeit betrachtet. Das vulgäre Zeitverständnis, sagt er, ist „explizit geworden (...) in einer Zeitauslegung, wie sie sich im traditionellen Zeitbegriff niedergeschlagen hat, der sich seit Aristoteles bis über Bergson hinaus durchhält" (SuZ 17f.). Weshalb sollen wir mit Heidegger annehmen, daß der philosophische Begriff der Zeit oder auch des Selbst schon im vorbegrifflichen Verstehen des Daseins angelegt sind? Ein ganz unphilosophischer Handwerker denkt doch offensichtlich nicht auf begriffliche Weise, daß er ein Ding wie andere Dinge ist oder daß die Zeit eine Abfolge von Jetztmomenten ist. So etwas ist ihm nie in den Sinn gekommen, und er würde solchen Behauptungen wahrscheinlich auch nicht ohne weiteres zustimmen, wenn man sie ihm vortrüge. Weshalb sollen wir dann sagen, daß er sich implizit als Ding und die Zeit als Abfolge von Jetztpunkten versteht? Heidegger glaubt, daß das alltägliche Seinsverständnis des Daseins seiner eigenen begrifflichen Darstellung desselben in gewisser Hinsicht entsprechen muß. Der Handwerker könnte seine Arbeit gar nicht vernünftig machen, und er würde sich in der Welt nicht zurechtfinden, wenn er sich *nur* als Maschine verstünde und die Zeit *nur* als eine Abfolge von Jetztpunkten und nicht etwa als Zeit *zum Arbeiten*. In einem solchen Fall befände sich das Dasein vollkommen im Irrtum und böte keinerlei Hinweis auf den Sinn von Sein, jedenfalls böte es nicht mehr Hinweise als die Texte von Aristoteles oder Descartes. Wie kann das sein? Heidegger würde sich unglaubwürdig machen, wollte er behaupten, daß er allein unter allen Menschen Sein richtig verstehe, während alle anderen sich im Irrtum befinden. Heidegger selbst ist auch Dasein, so wie Aristoteles und Descartes es waren. Er braucht irgendeinen Schlüssel, einen Hinweis, der ihm eine begriffliche Darstellung des Seins ermöglicht, und wenn sein Seinsverständnis mehr als seine zufällige persönliche Meinung sein soll, dann muß er dieses Verständnis in hohem Maße mit anderen teilen. Demnach kann sich das alltägliche Dasein mit seinem Seinsverständnis nicht vollkommen im Irrtum befinden. Kann aber sein vorbegriffliches Seinsverständnis völlig richtig sein? Wenn ja, wie könnten wir dann die Tatsache erklären, daß Philosophen sich so oft bei ihren Versuchen irren, dieses Seinsverständnis begrifflich zu formulieren? Wenn Philosophen sich irren, dann muß sich auch das alltägliche Dasein in gewissen Hinsichten irren. Jede andere Behauptung würde aus den Philosophen eine eigene Gattung machen, deren Theorien nichts mit dem vorbegrifflichen Seinsverständnis des alltäglichen Daseins (und ihrem eigenen vorbegrifflichen Seinsverständnis) zu tun haben, wohl aber einiges mit dem Gerede nichtphilosophischer Schwätzer. Wir sind also alle verfallen, sagt Heidegger, denn anders wären die Irrtümer der Philosophen gar nicht zu erklären.

Jargon der Eigentlichkeit?

Unter dem Titel *Jargon der Eigentlichkeit* veröffentlichte Theodor W. Adorno 1964 ein Buch gegen Heidegger. Den schon im Titel enthaltenen Vorwurf kann Heidegger sich zu eigen machen. „Jargon" ist eine Form von Gerede, und Heidegger mag das Gerede nicht, die Wiederholung von Aussagen, die aus jedem ursprünglichen denkerischen, gefühls- und wahrnehmungsmäßigen Zusammenhang gerissenen sind, dem sie sich verdanken. Nun, sollen wir denn Heideggers eigene Philosophie einfach übernehmen, sie uns aneignen und sie weitergeben? Wohl kaum, denn das wäre wiederum Gerede und Uneigentlichkeit. Sollen wir Heideggers Worten nur folgen, bis sie uns selber zur Eigentlichkeit erweckt haben, und uns dann unserer eigenen philosophischen Forschung zuwenden? Auch nicht, denn das klingt allzusehr nach bloßer Neugierde. Vielleicht sollen wir folgendes tun: Durch unsere Begegnung mit Heidegger auf die Spur der Eigentlichkeit gebracht, sollten wir Heidegger genau so behandeln, wie er selbst Aristoteles, Descartes oder Kant behandelt, d.h., wir sollten sein Werk auslegen und möglichst klar zu verstehen suchen; erst von da aus sollten wir dann eigene Gedanken entwickeln. (Heidegger beschreibt seine Herangehensweise an andere Philosophen auf verschiedene Weise: als Auslegung, als Destruktion – Derridas „Dekonstruktion" liegt hier nicht allzu fern –, als „Wiederholung" und später dann als „Gespräch".)

Sorge

Wir haben bereits eine ganze Reihe von charakterischen Zügen des Daseins kennengelernt. Seine durchschnittliche Alltäglichkeit beschreibt Heidegger als „*das verfallend-erschlossene, geworfen-entwerfende In-der-Welt-sein, dem es in seinem Sein bei der ‚Welt' und im Mitsein mit Anderen um das eigenste Seinkönnen selbst geht*" (SuZ 181). Keiner dieser Züge ist in dem Sinne grundlegend oder „ursprünglich", daß der Rest von ihm abgeleitet oder ein sekundärer Zusatz wäre. Das Sein bei der ‚Welt' (d.h. der Umgang mit nichtmenschlichem Seienden) geht dem Mitsein mit anderen (d.h. der Interaktion mit anderen Menschen) nicht voraus, und umgekehrt ist auch das Mitsein nicht ursprünglich und das Sein bei anderem Seienden abgeleitet oder sekundär. Ebenso hat weder das Gestimmtsein noch das Verstehen einen Vorrang; beide sind für die Erschließung unserer Welt und unserer selbst gleich wesentlich. Alle diese Züge des Daseins sind, wie Heidegger sagt, „gleichursprünglich", und sie lassen sich andererseits auch nicht voneinander trennen. Es kann kein Seiendes geben, das bei der ‚Welt' ist, ohne zugleich mit anderen zu sein, und umgekehrt. Kein Seiendes kann verstehen, dabei aber ohne Stimmung sein, oder gestimmt sein, ohne dabei zu verstehen.

Wie können wir nun für diese Bestimmungen des Daseins einen gemeinsamen Bezugspunkt finden? Indem wir alle diese Züge des Daseins als verwurzelt in seinem Sein als Sorge betrachten. „Sorge" hat gewöhnlich zwei Bedeutungen; das Wort bedeutet einmal „sich sorgen, sich ängstigen um", und es bedeutet zugleich „sorgen für, sich kümmern um". Heideggers „Sorge" enthält beide Bedeutungen, aber sie bedeutet zugleich noch etwas Grundlegenderes. Auch jemand, der im gewöhnlichen Wortsinn unbekümmert oder sorglos ist, ist nach Heidegger sorgend oder besorgend. Weil das In-der-Welt-sein des Daseins Sorge ist, können wir davon sprechen, daß es Zuhandenes wie Schuhe oder Hämmer besorgt, und wir können von seiner Fürsorge für andere sprechen. Aber noch einmal: Sorge und Fürsorge sind durchaus vereinbar mit Vernachlässigung, Verachtung und Haß.

Die einzigen Seienden, denen Sorge und Fürsorge völlig fehlt, sind solche, die dazu überhaupt nicht in der Lage sind: Steine, Pflanzen, Tiere. Die Sorge unterscheidet sich von bestimmten Einstellungen wie Wollen, Wünschen, Begehren oder Erkennen. Etwas wollen, wünschen oder begehren setzt bereits Sorge voraus. Man muß schon besorgend sein, um Wissen zu erwerben. In schwersten Depressionen oder Angstzuständen, wenn wir einem wachen Zustand ohne Sorge am nächsten kommen, wollen oder begehren wir praktisch gar nichts mehr, nicht einmal die Befreiung aus diesem Zustand.

Obgleich die Sorge das Dasein als ganzes umfaßt, hat sie doch eine komplexe Struktur. Heidegger definiert sie als „Sich-vorweg-schon-sein-in-(der-Welt-) als Sein-bei (innerweltlich begegnendem Seienden)“ (SuZ 192). Die Sorge hat drei Bestandteile, denen wir schon begegnet sind. *Das Dasein ist sich vorweg.* Es *ist* seine Möglichkeiten; unaufhörlich, wenn auch nicht ausgesprochen, ist es mit dem beschäftigt, was es als nächstes tun will. Heidegger bringt das mit „Existenz“ in Verbindung, mit dem „Verstehen“ und, wie wir im nächsten Kapitel sehen werden, mit der *Zukunft. Dasein ist immer schon in der Welt.* Dies hängt mit seiner „Geworfenheit“ und „Faktizität“ zusammen – mit dem Faktum, daß es sich „immer schon“ in einer bestimmten Situation befindet, von der seine Möglichkeiten abhängen –, mit der Stimmung oder dem Bewußtseinszustand, der seine Geworfenheit erhellt, und, wie wir ebenfalls noch genauer sehen werden, mit der Vergangenheit. *Das Dasein ist bei innerweltlich begegnendem Seienden.* Es ist mit Aufgaben – wie dem Hämmern – beschäftigt, oder es verliert sich einfach in Tagträumen. Diesen Zug bringt Heidegger mit dem Verfallen und, wie wir sehen werden, mit der Gegenwart in Verbindung. Der Begriff der Sorge verknüpft und umfaßt also alle Züge des Daseins, die wir bislang kennengelernt haben, und sie weist unausgesprochen schon auf die zeitliche Natur des Daseins voraus. Die Sorge entspricht genau der Bedeutsamkeit der Welt: Nur wenn Dasein Sorge ist, kann es in einer bedeutsamen Welt wohnen, und nur, wenn es in einer bedeutsamen Welt wohnt, kann Dasein Sorge sein.

Der Skandal der Philosophie

Heidegger beschließt den ersten Abschnitt von *Sein und Zeit* mit einer Erörterung der Frage, ob die Außenwelt real ist oder nicht. Genauer weist er diese Frage zurück. Der „Skandal der Philosophie" besteht nicht, wie Kant sagt, in der Unfähigkeit der Philosophie, die Realität der äußeren Dinge zu beweisen, sondern vielmehr darin, daß solche Versuche immer wieder erwartet und unternommen werden (SuZ 205). Die Frage enthält einen doppelten Fehler. Zunächst setzt sie eine unangemessene Sicht des Daseins voraus, dem die Dinge oder die Welt angeblich „äußerlich" sind. Zweitens setzt sie eine völlig unangemessene Sicht des Seins der Dinge und der Welt voraus. Betrachten wir zuerst das Dasein: Wo soll die Grenze liegen zwischen ihm und dem, was ihm äußerlich ist? Eine mögliche Antwort wäre: zwischen meinem Körper und seiner Umwelt. Aber eine solche Antwort verfehlt den Sinn der Frage. Es ist philosophisch ganz ohne Belang zu zeigen, daß es Dinge außerhalb meines eigenen Körpers gibt; ist erst einmal zugestanden, daß mein Körper existiert, dann ist auch schon zugestanden, daß eine äußere Welt existiert. Oder verläuft die Grenze zwischen mir und meinem Körper, wobei mein Körper dann etwas Äußerliches wäre? In diesem Fall würde ich als reines „weltloses Subjekt" betrachtet. Und dieses Subjekt muß eher ein erkennendes denn ein handelndes sein, ein Subjekt, dessen einziger Zugang zur Welt über seine inneren Zustände eröffnet wird, über Eindrücke, Ideen oder was auch immer. Nun ist mein Sein aber Besorgen und Sorge: Ständig hantiere ich und bin mit den Dingen in der mir vertrauten Umwelt beschäftigt, ich bin wesentlich in-der-Welt. Mein Zugang zur Welt und den Dingen in ihr ist nicht durch Ideen oder ähnliches vermittelt. Ich höre den „knarrenden Wagen" und keine bloßen „Lautkomplexe" (SuZ 163), ich sehe Bäume, nicht Ideen.

Der zweite Fehler in der Frage nach der Existenz der Außenwelt ist folgender: Wenn mein Sein Sorge ist und ich wesentlich in der Welt bin, dann kann es nicht richtig sein, die Welt und die Dinge in ihr einfach als „wirklich“ oder als „vorhanden“ zu betrachten. Diese Betrachtungsweise ist vielmehr eine sekundäre, abgeleitete, die der Auffassung vom Dasein als weltlosem Subjekt entspricht. Die Welt ist ein Feld von Bedeutsamkeit für meine vor-sichtigen Umgänge mit ihr, nicht eine Ansammlung „äußerer Objekte“. Die Dinge in der Welt sind in erster Linie zuhanden, sie sind Zeug für unseren Gebrauch.

Eine Welt ohne Dasein?

Das ist aber bei weitem noch nicht alles. Ich könnte auch *nicht* existiert haben. Was dann? Nun, nicht viel, es wäre im wesentlichen nichts anders gewesen. Aber auch das Dasein könnte *nicht* existiert haben, es hätte gar keine Menschen gegeben haben können, wie es ja wohl nicht immer Menschen gegeben hat (SuZ 227; vgl. auch 26, 216). Was wäre eigentlich in einer solchen „Welt“? In ihr gäbe es *Seiendes*, aber kein *Sein*:

> „Seiendes *ist* unabhängig von Erfahrung, Erkenntnis und Erfassen, wodurch es erschlossen, entdeckt und bestimmt wird. Sein aber ‚ist‘ nur im Verstehen des Seienden, zu dessen Sein so etwas wie Seinsverständnis gehört.“ (SuZ 183, vgl. auch 26, 194)

Ohne Dasein gäbe es kein Sein. Es gäbe keine Wahrheit; nicht einmal die Newtonschen Gesetze wären wahr, d. h. wahr im Sinne Heideggers (SuZ 227). Es gäbe keine „Welt“, aber es gäbe Seiendes, Seiendes ohne Sein. Vielleicht will Heidegger sagen, daß dieses Seiende keine bestimmte Seinsweise hätte; fest steht jedenfalls, daß es nicht die Seinsweise des Daseins haben könnte. Es könnte auch nicht zuhanden sein wie das Zeug. Aber vielleicht vorhanden wie Felsen und Bäume? Auch das nicht, denn das Vorhandensein ist eine wenn auch abgeleitete Weise, in der das Dasein die Dinge versteht. Selbst das Sein dieser Art involviert Erschlossenheit, Wahrheit.

Könnte Seiendes ohne Sein nicht mehr oder minder so sein, wie sie die Wissenschaft beschreibt: nicht-bedeutsame Ansammlungen von Teilen? Aber der Wissenschaftler ist selbst Dasein mit allen Wesenszügen und Beschränkungen, die dem Dasein eigen sind; er ist in eine Situation „geworfen“, der er nicht entgehen kann. Können wir denn sicher sein, daß die Entdeckungen (oder „Entwürfe“, wie Heidegger sagen würde), die er aus dieser Situation heraus macht, wirklich wiedergeben, wie eine Welt ohne das Dasein aussehen würde? In diesem Sinn zitiert der englische Philosoph R. G. Collingwood seinen Kollegen J. W. N. Sullivan: „Das zweite Gesetz der Thermodynamik ist nur wahr, weil wir praktisch nicht mit Größen unterhalb einer bestimmten Grenze umgehen können. Wäre unser Universum von intelligenten Bakterien bevölkert, dann bestünde gar kein Bedarf nach einem solchen Gesetz.“ (*The Idea of Nature*, 1945, 24, Anm.1) Und Collingwood fügt hinzu: „Ein intelligenter Organismus mit längeren Zeitrhythmen als der Mensch würde ein solches Gesetz weniger überflüssig als vielmehr falsch finden“ (ebd. 26). Heidegger nimmt eine ähnliche, wenn auch nicht genau die gleiche Haltung gegenüber der Wissenschaft ein. Er betrachtet sie als sekundäre Erscheinung, als nur eine der Seinsweisen des Daseins, die von anderen, alltäglicheren abgeleitet und von ihnen unwiderruflich abhängig ist. Auch der Wissenschaftler geht mit Zeug um und kennt sich in seinem Labor aus.

Nehmen wir aber einmal – vielleicht ganz im Gegensatz zu Heideggers eigener Auffassung – an, die Wissenschaft liefere uns eine richtige Darstellung des Seienden in einer Welt ohne das Dasein. Was würde daraus folgen? Wir könnten dann sagen: 1. Ohne das Dasein wären Dinge wie Felsen oder Bäume nichts anderes als Ansammlungen von Molekülen. Vielleicht würden wir weiter sagen: 2. Selbst in Gegenwart des Daseins sind Dinge wie Felsen, Bäume oder Hämmer Ansammlungen von Molekülen. Doch würden wir zögern, zu behaupten, daß 3. diese Dinge wie Hämmer auch in Gegenwart des Daseins *nichts anderes* als bloße Ansammlungen von Molekülen sind, oder 4., daß Dinge wie Hämmer in Wirklichkeit (an sich, im Grunde) nur Ansammlungen von Molekülen sind, oder 5., daß Dinge wie

Hämmer Ansammlungen von Molekülen sind, denen erst das Dasein eine Bedeutung hinzufügt.

Die Behauptungen 3, 4 und 5 folgen nicht offensichtlich aus den beiden ersten. Heidegger weist die fünfte zurück. Es widerstrebt unserer phänomenalen Erfahrung anzunehmen, daß wir zunächst bedeutungsfreie Moleküle wahrnehmen, denen wir dann eine Bedeutung oder einen Wert überstülpen. Aber muß denn Ontologie Phänomenologie widerspiegeln? Kann ein Hammer nicht *nur* oder *wirklich* eine Ansammlung von Molekülen sein, auch wenn wir ihn normalerweise nicht so betrachten? Er kann nicht *bloß* eine Ansammlung von Molekülen sein, wie Behauptung 3 behauptet. Eine vom Dasein als Hammer verstandene oder ausgelegte Ansammlung von Molekülen ist nicht *nur* eine Ansammlung von Molekülen und sonst nichts. Das Dasein gibt hier den Ausschlag. Etwas mag in einer Welt ohne Dasein nicht genau das sein, was es in einer Welt mit Dasein ist. Kann es dann *in Wirklichkeit* oder *an sich* eine Ansammlung von Molekülen sein, während es nur oberflächlicherweise oder *für uns* ein Hammer ist? Weshalb sollten wir so etwas überhaupt sagen? (Wie der englische Lexikograph und Literaturkritiker Dr. Johnson einmal gesagt hat: „Zerschlagt die Paulskathedrale in Atome und betrachtet jedes einzelne Atom; es ist zu gar nichts nütze; aber setzt alle diese Atome zusammen, und ihr habt die Paulskathedrale.") Die Unterscheidung zwischen dem, was etwas an sich, und dem, was es für uns ist, ist eine Unterscheidung, die aus unserem Seinsverständnis gewonnen ist und nicht etwa aus der daseinsunabhängigen Natur der Dinge. Ohne Dasein gäbe es keine solche Unterscheidung: Jedes Ding befände sich auf gleicher Ebene mit allen anderen, es gäbe keinen Vordergrund und keinen Hintergrund, keine Tiefe und keine Oberflächlichkeit. Wir haben nicht die Mittel, einen solchen Zustand zu beschreiben: Jede Beschreibung ist bereits mit unserem eigenen Verständnis von Sein befrachtet, unserer eigenen bedeutsamen Welt. Weshalb sollten wir sagen, daß ein Hammer in unserer daseinsbestimmten Welt *an sich* eine Ansammlung von Molekülen und nur *für uns* ein Werkzeug ist? Es gibt einfach keinen Grund dafür, und eine solche Aussage folgt auch aus keiner plausiblen Darstellung einer Welt, in der es kein Dasein und keine Hämmer gibt. Außerdem würde eine solche Aussage der theoretischen wissenschaftlichen Forschung einen ungerechtfertigten Vorrang vor dem umsichtigen Besorgen des Handwerkers einräumen. Aus Gründen wie diesen fallen für Heidegger Ontologie und Phänomenologie in eins.

7. Zeit, Tod und Gewissen

In Heideggers Darstellung der durchschnittlichen Alltäglichkeit spielte Zeit nur eine untergeordnete Rolle, auch wenn sie in der These vom Sich-vorweg-sein des Daseins enthalten war. Aber Heidegger sagte bereits in der Einleitung von *Sein und Zeit*, daß *„im rechtgesehenen und rechtexplizierten Phänomen der Zeit die zentrale Problematik aller Ontologie verwurzelt ist"* (SuZ 18). Auch für die Analytik des Daseins ist die Zeit entscheidend: Das Sein des Daseins „findet seinen Sinn in der Zeitlichkeit" (SuZ 19). Weshalb ist die Zeit so wichtig?

Warum Zeit?

Weshalb Sein und *Zeit*? Weshalb nicht Sein und Raum? Oder Wahrheit? Oder Nichts? Heidegger stellt diese Fragen nicht ausdrücklich, schlägt aber implizit eine Reihe von Antworten vor. Das Sein – so seine Begründung – wurde traditionell in Begriffen der Zeit betrachtet. Das griechische Wort für Sein, *ousia*, hängt mit dem Wort *parousia*, Anwesenheit, zusammen (SuZ 25). Die Griechen betrachteten also das Sein in Begriffen der zeitlichen Anwesenheit. Diese Behauptung ist aber nicht richtig. *Parousia* ist nur eines von mehreren aus *ousia* zusammengesetzten Wörtern; es gibt nicht mehr Grund dafür, *ousia* mit *parousia* – Anwesenheit – in Verbindung zu bringen als z. B. mit *apousia* – Abwesenheit. *Parousia* kann jedoch räumliche Anwesenheit, meine Anwesenheit in einer Schlacht etwa, so gut bedeuten wie zeitliche Anwesenheit. Doch es mag schon einiges für die Ansicht sprechen, daß die Griechen, zumindest die griechischen Philosophen, das Sein mit zeitlicher Anwesenheit verknüpft haben. Platon beispielsweise schreibt nur den unveränderlichen, ewigen (oder ewig *gegenwärtigen*) Formen oder Ideen Sein zu, nicht den „werdenden“ Dingen, die entstehen, vergehen und verschwinden. Aber einen solchen Grund führt Heidegger an dieser Stelle gar nicht an.

Er weist auch darauf hin, daß die Philosophen das Seiende oftmals in Begriffen von Zeit klassifiziert haben. Sie unterscheiden zeitlich Seiendes wie Menschen, Pflanzen und Äußerungen von unzeitlichen Gebilden (Entitäten) wie Zahlen und Aussagen, und diese wiederum von überzeitlichen Gebilden (Entitäten) wie Gott (SuZ 18). Aber das kann nicht mehr als ein „Hinweis“ darauf sein, daß das Sein auf einzigartige Weise auf Zeit bezogen ist. Schließlich weist Heidegger die Tradition oft mit gutem Grund zurück; deshalb kann er sich nicht nur dann auf sie berufen, wenn es ihm gerade ins Zeug paßt. Jedenfalls lehnt er selbst diese Klassifikation von Entitäten ab, und zwar weil er glaubt, daß es überhaupt kein unzeitliches oder überzeitliches Seiendes gibt. Es gibt keinen überzeitlichen Gott in, über oder unter Heideggers Welt. Wenn es einen gäbe, dann könnte es auch ewige, vom Dasein unabhängige Wahrheiten geben (SuZ 227), aber die geschichtliche Aufgabe der Entbergung des Seins fällt nun einmal nicht Gott, sondern dem endlichen Dasein zu. Zu Heideggers Zeit haben viele Philosophen – unter ihnen auch Husserl – neben der ersten Sphäre der physikalischen und der zweiten der psychischen Wirklichkeit eine „dritte Sphäre“ des Sinns oder der Bedeutung postuliert. Aber das, sagt Heidegger, ist genauso fragwürdig wie mittelalterliche Spekulationen über Engel (vgl. 24, 306). Es gibt keine zeitlosen Aussagen, Bedeutungen oder Theorien. All das sind Seinsweisen des geschichtlichen und zeitlichen Daseins. Heidegger bezieht sich hier also auf eine Klassifikation, die er verwirft.

Nicht besser sieht es aus, wenn wir die Sprache von Nicht-Philosophen betrachten. An einer der seltenen Stellen, wo er die Frage aufwirft: „Weshalb sprechen wir nicht ebenso von Sein und Raum?“, macht er darauf aufmerksam, daß im gewöhnlichen Wortschatz viel mehr räumliche als zeitliche Metaphern vorkommen (31, 119). Auch

„Dasein“ selbst ist ein räumlicher Ausdruck (20,344), und das ist auch nur natürlich, denn das Dasein ist ebenso räumlich wie zeitlich, und anders könnte es gar nicht *existieren.*

Weshalb erhält dann die Zeit eine besondere Stellung? Eine Antwort auf diese Frage lautet, daß das Dasein sein Leben in einem tieferen Sinne zeitlich als räumlich lebt. Es wird an einem bestimmten Ort zu einer bestimmten Zeit geboren, und weder diesen Ort noch diese Zeit hat es sich selbst ausgesucht. Es kann natürlich wichtig sein, *wo* ich geboren werde; meine Erziehung und meine Zugehörigkeit zu einer Kultur hängen davon ab; mein Geburtsort bestimmt z.B., ob meine Muttersprache Englisch oder Japanisch sein wird, aber mein Geburtsort ist dennoch von geringer *wesenhafter* Bedeutung. Auch wenn er meine frühe Erziehung bestimmt, kann ich seinen Einfluß, wenn ich will, durch Reisen und Studium verringern. Der *Zeitpunkt* meiner Geburt läßt mir schon viel weniger Spielraum. Wenn ich im Jahr 1800 zur Welt komme, kann ich, einmal angenommen, daß die maximale Spanne eines menschlichen Lebens etwa 115 Jahre dauert, nicht *Sein und Zeit* lesen. Der Zeitpunkt meiner Geburt beschränkt meine Position in der Zeit und folglich meine Handlungsmöglichkeiten viel mehr, als der Ort meiner Geburt meine Position im Raum beschränkt.

Der Mensch braucht einen Raum, in dem er leben kann. Ein Leben ohne jede Bewegung ist, obgleich vorstellbar, sehr unbefriedigend. Allerdings ist ein befriedigendes Leben ohne ausgedehnte Reisen möglich; man kann sehr wohl leben, ohne je seine Heimatstadt oder sein Heimatdorf zu verlassen. Aber das Leben verlangt eine angemessene Zeitspanne. Es schließt Entscheidungen und Aktivitäten ein, und diese setzen Zeit voraus und brauchen Zeit, und zwar in einem entscheidenderen Maße als Raum. Ich frage mich, was ich jetzt, als nächstes tun soll, nicht, was ich hier oder dort tun soll.

Ein Unterschied zwischen Eigentlichkeit und Uneigentlichkeit besteht darin, daß das eigentliche Dasein nicht ganz in seiner Gegenwart und in seiner unmittelbaren Vergangenheit und Zukunft aufgeht. Das eigentliche Dasein blickt auf seinen Tod voraus, es blickt zurück auf seine Geburt und weiter zurück in die geschichtliche Vergangenheit. Warum? Weshalb nicht statt dessen an weit entlegene Orte reisen, und sei es nur in der Einbildung? Eine Antwort hierauf ist, daß Reisen im Raum uns nicht in gleicher Weise wie das zeitliche oder geschichtliche Gewahrsein einen Überblick über unser Leben ermöglichen. Eine weitere Antwort lautet, daß meine gegenwärtige Situation und die Möglichkeiten, die sie mir bietet, in hohem Maße von der Vergangenheit abhängen, sowohl von der Vergangenheit meines eigenen Lebens wie auch von der vergangenen Geschichte meiner Kultur, aber kaum (jedenfalls nicht in gleicher Weise) von dem, was sich an fernen Orten gerade ereignet. Um Herr meiner gegenwärtigen Situation zu werden, sollte ich z. B. lieber Aristoteles lesen (der unsere jetzige Weise zu denken immer noch beeinflußt) statt einen zeitgenössischen Autor aus einem anderen Kulturkreis, der gar nicht einen solchen Einfluß auf mich ausgeübt haben kann. Die Tradition wird mit der Zeit weitergegeben, nicht über den Raum hinweg. (Daher fragen wir uns bei der Bewertung eines Kunstwerks oder einer Dichtung, ob es „der Prüfung der Zeit standhalten", nicht etwa, ob es vor „der Prüfung des Raumes" bestehen wird.)

Das Leben des Daseins involviert Zeit also in einem entscheidenderen Maße als Raum. Aber Heidegger interessiert sich auch für die Welt und den Zugang des Daseins zu ihm. Zwei seit langem bekannte Schwierigkeiten mit der Zeit kommen in diesem Zusammenhang zum Tragen. Die erste hat Aristoteles und Augustinus beschäftigt: Nur der gegenwärtige Augenblick existiert *jetzt*, während die Vergangenheit nicht mehr und die Zukunft noch nicht existiert. Es gibt demnach keine Gegenstände oder Ereignisse, die eine Zeitlang andauern, keine über die Zeit hinweg dauernde Welt, nur einen jeweils momentanen zeitlichen Ausschnitt der Welt und der Gegenstände und Ereignisse in ihr. Die zweite Schwierigkeit machte Kant und Husserl ebenso wie den antiken Denkern zu schaffen. Ich kann nur wahrnehmen – sehen, hören, tasten usw. –, was im gegenwärtigen Augenblick existiert oder, wenn wir die Geschwindigkeit von Licht und Schall berücksichtigen, was in einem ähnlich kurzen vergangenen Augenblick existiert hat. Wie können wir also jemals einer Vergangenheit, einer Zukunft oder einer zeitlich andauernden Welt gewahr werden? Keines dieser Probleme betrifft den Raum so sehr wie die Zeit. Wir neigen kaum zu der Annahme, was räumlich von uns entfernt ist, existiere nicht, nur weil es nicht *hier* existiert. Unsere Sinne, insbesondere das Auge, eröffnen uns von jedem Standpunkt aus eine mehr oder minder weitreichende Räumlichkeit.

Heidegger äußert sich über diese Probleme nicht ausdrücklich, aber sie haben ihn doch beschäftigt. Seine z.T. von Aristoteles, Augustinus und Kant (vgl. SuZ 427 f.) schon vorweggenommene Lösung ist folgende: Das Dasein ist in seinem Gewahrsein nicht auf diesen augenblicklichen Moment beschränkt, sondern läuft in die Zukunft voraus und greift in die Vergangenheit zurück. Dasein ist zeitlich. Es ist die Zeitlichkeit des Daseins, die die Welt zu einer zeitlich verfaßten macht, eine „Welt-Zeit" eröffnet und eine zeitlich erstreckte Welt erschließt. Der Mensch ist nicht bloß eine bedeutungslose biologische Spezies, die sich auf einem von unzähligen Himmelskörpern entwickelte, eine Spezies, die erst seit verschwindend kurzer Zeit in der Geschichte des Universums existiert. Heidegger verwirft natürlich nicht die Erkenntnisse der Wissenschaft. Es gab eine Zeit ohne das Dasein, aber mit Seiendem. Alle solche Bedeutsamkeit jedoch, die das Universum besitzt, stammt vom Dasein her. Nur diese daseinsabhängige Bedeutsamkeit erlaubt uns, einige Dinge als bedeutsam, andere als belanglos zu bezeichnen. Das Eintreten des Daseins in die Welt war ein Ereignis von nicht zu überschätzender Wichtigkeit. Erst mit ihm begannen Geschichte, Bedeutsamkeit, Weltlichkeit und in gewissem Sinn sogar die Zeit selbst. Bei Heidegger übernimmt das Dasein einige der Funktionen, die traditionell Gott zugeschrieben wurden. Dasein hat den Vorteil, endlich, in-der-Welt und zeitlich zu sein. Anders als ein unendliches, überzeitliches und unwandelbares göttliches Wesen ist das Dasein weltoffen und eröffnet eine Welt.

Heidegger geht das Problem der Zeit im zweiten Abschnitt von *Sein und Zeit* nicht direkt an, sondern beginnt mit Überlegungen zum Tod.

Dasein ist sich, wie schon gesagt, immer schon vorweg, ist immer schon bei seinen noch nicht verwirklichten Möglichkeiten. Wie können wir also das Dasein als ganzes erfassen? Es scheint sich unserem Zugriff zu entziehen, sich uns niemals vollständig und in seiner ganzen Wirklichkeit zu zeigen, sondern immer mit Möglichkeiten, die noch nicht erfüllt sind. Aber es gibt für das Dasein eine letzte Möglichkeit, die allen Möglichkeiten ein Ende macht, nämlich den Tod.

Den Tod so einzuführen mag weit hergeholt und künstlich scheinen. Ein Mensch kann keine vollständige Darstellung seines eigenen Lebens geben, auch wenn er weiß, daß er sterben wird, denn gewöhnlich weiß er nicht, wann und wie er sterben wird und was er bis dahin noch tun wird. Ein Philosoph kann eine mehr oder minder vollständige Darstellung des Daseins geben, indem er einfach Dinge sagt wie: Dasein ist sich immer schon vorweg. Er braucht nicht näher anzugeben, *welche* Möglichkeiten das Dasein in einem bestimmten Moment hat oder wie es sie verwirklichen wird. Es genügt zu sagen, *daß* es zu jedem Zeitpunkt seines Lebens Möglichkeiten hat. Natürlich wird er auf den Tod zu sprechen kommen, weil der Tod ein wichtiger Zug des Daseins ist. Aber die Betrachtung der Möglichkeit des Todes *allein* garantiert noch nicht die Vollständigkeit der Darstellung, sondern der Tod ist nur ein Daseinszug unter anderen. „Ach ja", mag der Philosoph sagen, „bevor ich es vergesse, muß ich noch darauf hinweisen, daß nicht alles ewig so weitergehen kann – eines Tages stirbt das Dasein."

Aber Heidegger bringt den Tod aus wesentlichen Gründen ins Spiel. Zunächst ist der Tod nicht einfach oder primär etwas, was am Ende eines Lebens geschieht. Das Gewahrsein seines bevorstehenden Todes, der Möglichkeit, daß es jeden Moment sterben kann, bedeutet, daß „Sterben", die Haltung des Daseins zum Tod oder sein „Sein-zu" seinem eigenen Tod sein ganzes Leben durchdringt und formt. Ein Leben ohne die Aussicht auf den Tod wäre ein Leben unaufhörlichen Aufschubs. Weshalb sich die Mühe machen und jetzt ein Buch schreiben, wenn ich eine ganze Ewigkeit (ein Leben, mit nicht nachlassenden körperlichen und geistigen Kräften) vor mir habe? Der Grund dafür, daß Dasein, sei es als Philosoph oder als Autobiograph, ohne den Tod keine vollständige Darstellung seiner selbst geben kann, liegt darin, daß der Tod jeden einzelnen Augenblick seines Lebens heimsucht.

Ein zweiter Grund für die Thematisierung des Todes liegt darin, daß der Tod auf besonders deutliche Weise das Authentische vom Nicht-Authentischen trennt. Das *uneigentliche* Dasein verliert sich in der Anonymität des *Man* und schließt sich der Meinung an, daß „man stirbt“. Das Gerede des *Man* macht darüber auf zweideutige Weise viele Worte, es verweist z. B. auf den Selbstmord als „dumme Handlung“. Aber das *Man* verdeckt damit die jederzeit gegenwärtige Möglichkeit, ja sogar das nahe Bevorstehen meines *eigenen* Todes. Es nimmt das Sterben als ferne Möglichkeit, als etwas, das nur anderen zustößt, aber nicht mir – solange ich nicht rauche, nicht in den Krieg ziehe und nichts „Dummes anstelle“. Der *eigentlich* lebende Mensch dagegen ist sich der Möglichkeit seines eigenen Todes immer bewußt; er ist ängstlich angesichts des Todes, wenn er sich auch nicht fürchtet. Er erkennt sehr genau seine Lage und die Möglichkeiten, die sie für ihn bereithält, und er trifft im Licht dieses Gewahrseins eine Wahl zwischen den Möglichkeiten, die seine Situation ihm bietet. Das Bewußtsein des eigenen Todes befreit das Dasein aus den Fängen des *Man*. Das Dasein ist, wenn es stirbt, auf sich selbst gestellt – der Tod ist kein gemeinsames oder gemeinschaftliches Unterfangen. Denn der Tod, sagt Heidegger, „*beansprucht*“ jedes Dasein „*als einzelnes*“, er „vereinzelt das Dasein auf es selbst“ (SuZ 263). Damit erhält das Dasein eine besonderer Art von Freiheit, die „*Freiheit zum Tode*“ (SuZ 266).

Heidegger führt den Tod noch aus einem dritten Grund ein: Er ebnet den Weg für seine Darstellung der Zeitlichkeit. Auch uneigentliches und alltägliches Dasein ist sich natürlich „vorweg“, hat Möglichkeiten, die es ergreifen kann, aber es nimmt die Möglichkeit seines Todes nicht vorweg oder „läuft“ nicht, wie das eigentliche Dasein, in die Möglichkeit seines Todes „vor“. Das Dasein läuft nur zu seinem Tod vor, nicht über ihn hinaus. Der Tod wird seinen Möglichkeiten ein Ende setzen. Das bedeutet, die „ursprüngliche“ Zeit ist *endlich*, sie endet mit meinem Tod (SuZ 330). Die *Zeit* mag immer weitergehen, aber *meine* Zeit läuft aus. Das bedeutet nun sicher nicht, daß ich keine Lebensversicherung abschließen und für meine Familie vorsorgen oder Verfügungen für die Veröffentlichung meiner Werke nach meinem Tod treffen kann. Es bedeutet jedoch, daß alle meine Vorkehrungen für die Zeit nach meinem Tod vor meinem Tod getroffen werden müssen.

Die Zukunft schließt das Seinkönnen, d. h., sie ist selbst geschlossen (SuZ 330). Die Vergangenheit ist jedoch nicht auf diese Weise geschlossen. Heidegger behauptet nirgendwo, daß die Zeit mit der Geburt beginne und mit dem Tod ende. Er interessiert sich nämlich, wie wir sehen werden, zutiefst für die Geschichte; aber auch die Geschichte veranlaßt ihn, vom Tod zu sprechen, denn sie wird erst durch den Tod möglich, in diesem Fall nicht durch meinen eigenen, sondern durch den Tod unserer Vorfahren. Geschichte hat es mit totem Dasein zu tun. Vergangenes Dasein hat im Bewußtsein seiner Sterblichkeit Glorreiches vollbracht, und es unterscheidet sich interessanterweise von uns selbst, weil es tot ist – tot, aber nicht einfach verschwunden.

Sterben

„Ontisch genommen“, sagt Heidegger, zeigen die Ergebnisse der Analyse des Todes „die eigentümliche *Formalität* und Leere aller ontologischen Charakteristik“ (SuZ 248). Diese Ergebnisse „ontisch“ nehmen heißt, sie als Tatsachen-Behauptungen über das bloße Ableben des Daseins auffassen, über seinen Tod und sein Verenden als Lebewesen. Sie „ontologisch“ nehmen – d. h. in dem Sinne, um den es Heidegger vor allem geht – heißt, sie als philosophische Behauptungen über das Sein des Daseins und sein Sterben auffassen, d. h. über das Sterben des Daseins *als* Dasein. Welches sind nun Heideggers Ergebnisse? Sie umfassen folgende Behauptungen:

1. Es ist sicher, daß ich sterben werde.
2. Ich muß mein Sterben selbst vollziehen. Bei ganz bestimmten Gelegenheiten kann jemand an meiner Stelle sterben, ebenso wie jemand meine Telefonrechnung bezahlen oder in meinem Namen an einer Versammlung teilnehmen kann. Aber früher oder später werde ich höchstpersönlich sterben und nicht in Stellvertretung.
3. Es ist nicht nur empirisch wahrscheinlich oder sogar empirisch gewiß, daß ich sterben werde. Wenn jemand gar nicht um seinen Tod zu wissen scheint, dann in Wahrheit nur, weil er vor dem Tod „flüchtig" ist (SuZ 251).
4. Der Tod wird allen meinen Möglichkeiten ein Ende setzen. Nach meinem Tod kann ich nichts mehr tun.
5. Es ist nicht sicher, wann ich sterben werde.
6. Es ist in jedem Augenblick möglich, daß ich sterbe.
7. Das Sterben verleiht dem Dasein Ganzheit.
8. Der Tod ist „unbezüglich": Er unterbricht alle meine Beziehungen zu anderen.

Einige dieser Behauptungen – aber nicht alle – sehen formal und leer aus. Behauptungen 1 und 2 sind leicht zu akzeptieren und von speziellem Interesse nur insoweit, als wir dazu neigen, sie zu verdrängen. Sie treffen auch nicht bloß auf das Sterben zu. Wenn ich nicht ziemlich bald sterbe, ist z. B. sicher, daß ich schlafen und auf die Toilette gehen werde, und zwar höchstpersönlich. Behauptung 3 ist fragwürdig. Sicher erkenne ich induktiv auf der Grundlage des vorherigen Todes anderer meiner Art und durch meine eigene Erfahrung des Alterns, daß ich sterben werde. Heidegger gibt zu, daß das „Ableben" vielleicht nur „empirisch sicher" ist, fügt aber hinzu, daß dies für die Gewißheit des Todes nicht entscheidend ist (SuZ 257). Wenn dem aber so ist, dann muß sich der „Tod“ vom bloßen körperlichen „Ableben“ unterscheiden. Würde der Tod des Daseins sein körperliches Ableben einschließen, dann würde aus der Tatsache, daß dieses körperliche Ableben nur empirisch gewiß ist, folgen, daß der Tod nur empirisch gewiß ist. Heidegger will nicht behaupten, daß der Tod und das körperliche Ableben zwei ganz verschiedene Ereignisse sind – als ob eine Person als Dasein sterben könnte, während ihr Körper am Leben bleibt, oder als ob jemand als Dasein den Tod seines Körpers überleben könnte. Der Tod und das Ableben sind mehr oder weniger gleichzeitig, ausgenommen vielleicht Fälle wie Hölderlin oder Nietzsche, wo dem körperlichen Ableben eine lange Periode des Wahns vorausgegangen ist. Heideggers Gedanke ist der: Meine Software, Dasein, ist ursprünglich, und meine Hardware, der Körper, paßt sich ihr an. So weiß ich nicht-empirisch, daß ich als Dasein sterben werde, aber empirisch, daß ich als lebender Organismus sterben werde. Daraus folgt nicht, daß Tod oder Ableben unabhängig voneinander eintreten *können*, auch wenn ich mir *vorstellen* kann, daß das eine ohne das andere eintritt. Aber wie kann ich nicht-empirisch wissen, daß ich sterben werde?

Auch Behauptung 4 ist fragwürdig. Wie wir gesehen haben, kann ich sehr wohl Vorkehrungen für das treffen, was nach meinem Tod geschehen soll, und überdies war der Glaube an ein „Leben nach dem Tod“ seit jeher weit verbreitet und ist es vielleicht noch. Heidegger behauptet, daß seine ontologische Darstellung diese Möglichkeit offen läßt:

„Wenn der Tod als ‚Ende‘ des Daseins, das heißt des In-der-Welt-seins bestimmt wird, dann fällt damit keine ontische Entscheidung darüber, ob ‚nach dem Tode‘ noch ein anderes, höheres oder niedrigeres Sein möglich ist, ob das Dasein ‚fortlebt‘ oder gar, sich ‚überdauernd‘, ‚unsterblich‘ ist.“ (SuZ 247 f.)

Heidegger behauptet, daß jedermann seine Darstellung unterschreiben kann, ob er an die Unsterblichkeit glaubt oder nicht, und daß sich diese Frage überhaupt nur nach einer solchen offenen Darstellung des Todes angemessen erörtern läßt. Aber ist seine Darlegung wirklich mit der Idee der Unsterblichkeit vereinbar? Wenn das Dasein wesentlich in-der-Welt ist, wie kann es dann als Dasein überdauern, wenn es nicht mehr in der Welt ist? Und wenn es nicht als Dasein überdauert, als was dann? Oder bleibt das Dasein nach dem Tod vielleicht irgendwie in der Welt, indem es eine geisterhafte Anwesenheit behält, oder geht es in eine andere Welt über? Heidegger gibt solchen Überzeugungen keinen Raum, aber so unplausibel sie auch sein mögen, sind sie doch nicht so offensichtlich absurd, daß ihre Ablehnung „formal und leer“ ist.

Behauptung 5 leuchtet sofort ein. Selbst wenn ich mich entschlossen habe, mir zu einem bestimmten Zeitpunkt das Leben zu nehmen, ist doch nicht sicher, daß ich bis zu diesem Zeitpunkt am Leben bleibe, daß ich meinen Entschluß ausführe oder daß mir der Selbstmord gelingt. Behauptung 6 scheint aus der vorhergehenden zu folgen, tut es aber in Wirklichkeit nicht. Es ist z. B. ausgeschlossen, daß ich in 200 Jahren sterbe, auch wenn das so ist, weil es sicher ist, daß ich innerhalb der nächsten 100 Jahre sterben werde; der Zeitpunkt meines Todes ist nur innerhalb bestimmter Grenzen ungewiß. Das Hauptproblem bei Behauptung 6 liegt aber gar nicht in dem, was sie sagt, sondern in dem, was sie *nicht* sagt. Es ist zwar möglich, daß ich um zehn Uhr heute abend oder vorher sterbe, aber es ist sehr *unwahrscheinlich.* Die Art, wie ich mein Leben einrichte, hängt offenbar von der Gewißheit meines Todes und der Ungewißheit seines Zeitpunktes ab. Ich würde dieses Buch nicht jetzt schreiben, wenn ich wüßte, daß ich ewig lebe oder aber daß ich heute abend um zehn Uhr sterben werde. Aber ich würde es auch nicht schreiben (jedenfalls keinen Vertrag unterschreiben), wenn ich es nicht für ziemlich wahrscheinlich halten würde, daß ich lange genug lebe, um es zu Ende zu bringen. Weshalb vernachlässigt Heidegger die Wahrscheinlichkeit, da sie doch für mein Leben eine ebenso große Rolle spielt wie die Möglichkeit? Zum Teil liegt das daran, daß er die Wahrscheinlichkeit für eine statistische Größe in bezug auf die Lebensdauer des Menschen als biologische Art hält (SuZ 246). Die Statistik hat es eher mit dem Ableben als mit dem Tod zu tun. Und selbst wenn sie es mit Leuten meines Typus zu tun hat – englische, pfeiferauchende Akademiker mittleren Alters –, geht es in ihr doch nicht um *meinen* Tod, sondern um den Tod von Leuten meines Typus. Dennoch wird eine vernünftige Lebensführung kaum ohne Schätzungen der eigenen Lebenserwartung auskommen, ob diese nun auf gelegentlichen Beobachtungen anderer, die mir ähnlich sind, gründen oder darauf, wie „man sich fühlt".

Heidegger vernachlässigt die Wahrscheinlichkeit auch deshalb, weil das Dasein seine Möglichkeit ist und entscheiden kann, wie es sein will. Heißt das, daß ich mich jeden Augenblick umbringen kann? Wohl eher nicht. Erstens stimmt es nicht, daß man sich jeden Augenblick das Leben nehmen kann, auch wenn man jeden Augenblick sterben kann. Heidegger führt hier eine alte Weisheit an: „Sobald der Mensch geboren ist, ist er alt genug zu sterben." Wohl wahr. Man kann schon als Baby sterben, aber man kann sich als Baby nicht umbringen, ebensowenig wie im Schlaf, in Volltrunkenheit oder in Fesseln. Heidegger lehnt auch den Selbstmord als Antwort auf die Möglichkeit des Todes ab, weil er die Möglichkeit zur Wirklichkeit macht, statt sie als Möglichkeit offenzuhalten (20, 439). Die schiere Unangemessenheit dieses Argumentes gegen den Selbstmord läßt vermuten, daß Heidegger hier in einem tief verwurzelten Vorurteil befangen ist und gar nicht an den Selbstmord denkt, wenn er über die ständige Möglichkeit des Todes spricht. Wenn der Tod eine Möglichkeit, aber keine Möglichkeit im herkömmlichen Sinn des Wählbaren ist, weshalb sollten wir dann nicht sagen können, daß der Tod zu einem gegebenen Zeitpunkt oder in einem gegebenen Zeitraum wahrscheinlich oder unwahrscheinlich ist?

Behauptung 7 liefert Heideggers bestes Argument für die Ansicht, daß das Dasein nicht-empirisch weiß, daß es sterben wird. Dasein ist Sorge; es muß sein Leben durch verschiedene Entwürfe ordnen, für die es eine gewisse Zeit braucht. Wäre es ewig, stünde ihm eine unendliche Zeit zu Gebote, dann könnte es das gar nicht, geradesowenig, wie ich ein umsichtiger Vermögensverwalter sein könnte, wenn ich über unendlichen Reichtum verfügen würde. Ein kluger Verwalter seines Lebens oder seines Vermögens muß jedoch mehr wissen, als Heidegger zugesteht. Er muß nicht nur wissen, daß sein Leben einmal enden wird und daß seine Ressourcen beschränkt sind, er muß auch ungefähr wissen, wie lange er zu leben erwarten kann oder wie groß sein Vermögen ist. Ich kann meine Gelder nicht weise verwalten, wenn ich nicht weiß, ob ich über 10 oder 100 Milliarden Mark verfüge. Ich kann mein Leben nicht klug führen, wenn ich keine Ahnung habe, ob ich noch fünf Minuten oder noch fünfhundert Jahre leben werde. Würde der Mensch auf ganz natürliche Weise mit 20 Jahren seine Reife erreichen und hätte dann noch weitere 500 Jahre eines aktiven Lebens vor sich, dann würde er vielleicht weniger zum Risiko neigen und würde seine verbleibenden Jahrhunderte vielleicht weniger bereitwillig in Kriegen oder beim Bergsteigen aufs Spiel setzen, wie wir das mit unseren wenigen verbleibenden Jahren oder Jahrzehnten tun.

Heidegger gesteht dem Dasein nicht genug Wissen zu, damit es wirklich als Sorge existieren kann. Es braucht aber für seine Existenz als Sorge auch nicht unbedingt *Wissen* zu besitzen. Wenn ich glaube, über 100 000 Mark zu verfügen, dann kann ich mein Vermögen vielleicht umsichtig und vernünftig verwalten, selbst wenn ich in Wirklichkeit, ohne es zu wissen, 10 Milliarden oder sogar unendliche Summen besitze. Ebenso kann das Dasein als Sorge existieren, wenn es *glaubt*, daß es mit etwa 75 Jahren sterben wird, auch wenn es in Wirklichkeit viel länger oder sogar ewig lebt. Anders als der kluge Vermögensverwalter wird das Dasein früher oder später merken, daß ihm mehr Jahre zur Verfügung stehen, als es ursprünglich angenommen hatte (es sei denn, es ist gelegentlich von Gedächtnisverlusten betroffen), auch wenn es keinerlei Gewißheit darüber erlangt, daß es unsterblich ist. Für die Sorge fällt weniger ins Gewicht, daß das Dasein sterben *wird*, als vielmehr, daß es dies *glaubt*. Heidegger würde dem gar nicht widersprechen: Für ihn ist das „Sterben" wichtig, das Sein zum Tode, nicht Sterben oder Tod im herkömmlichen Sinn.

Behauptung 8 hängt mit den Behauptungen 2 und 4 zusammen. Wenn der Tod allen meinen Möglichkeiten ein Ende macht (4), dann kann ich nach meinem Tod keine aktive Beziehung zu anderen haben (8). Andere mögen mich lieben oder sich an mich erinnern, aber ich kann sie dann nicht mehr meinerseits lieben oder mich an sie erinnern. Wenn ich persönlich sterben muß, nicht durch Stellvertretung (2), kann ich ebenfalls in meinem Tod oder in meinem Sterben keine Beziehung zu anderen mehr in Form der Stellvertretung oder der Repräsentation haben. Aber Behauptung 8 sagt noch mehr. Sterben ist nicht wie Lieben, wo auch dann jemand Gegenstand der Liebe ist, wenn die Liebe nicht erwidert wird. Es ist anders als Schachspielen, zu dem man (normalerweise) zwei Spieler braucht. Eher ist es wie Solitär. Auch wenn zwei oder mehr Menschen zusammen sterben, sind sie wie Menschen, die im selben Zimmer Solitär spielen, oder wie zwei Menschen, die im gleichen Bett schlafen. Jeder stirbt allein, können wir sagen, und jeder schläft auch allein.

Das Sterben ist gewöhnlich einsam, aber muß es das sein? Weshalb kann das Sterben, der Prozeß des Sterbens nicht sein wie eine Partie Schach oder ein Tanz, wo alles, was der eine tut, von dem abhängt, was der andere tut? So können z. B. zwei Menschen alle Vorkehrungen treffen, um sich gegenseitig zu erschießen. Zwei Liebende sterben aus Schmerz, weil jeder den anderen für tot hält. Soldaten verteidigen den Paß und sehen dabei dem Tod ins Auge, aber jeder einzelne von ihnen tut das nur unter der Bedingung, daß die anderen das gleiche tun, wie Liebende umschlungen einschlafen, wenn und weil der andere einschläft.

Aber der Prozeß des Sterbens endet im Tod, im Zustand des Totseins. Im Tod kann man zu anderen keinen Bezug mehr haben wie noch im Sterben. In dieser Hinsicht ist der Tod nicht einzigartig. Auch im traumlosen Schlaf kann man keinen Bezug zu anderen haben wie noch beim Einschlafen. Nur daß wir aus dem Schlaf normalerweise wieder erwachen und unsere Beziehungen zu anderen wieder aufnehmen. Aber dennoch: Weshalb muß der Tod „das Dasein auf es selbst vereinzeln“? Man kann diese Notwendigkeit aus zwei Gründen bezweifeln. Erstens ist man zwar im Tod nicht auf andere bezogen, aber man ist auch kein vereinzeltes, völlig in sich abgeschlossenes Individuum. Weder ist man auf andere bezogen, noch ist man von ihnen abgeschnitten; man *ist* ganz einfach *nicht*. Zweitens kann ein Toter zwar nicht *aus seiner eigenen Perspektive* eine Beziehung zu anderen haben (er hat vielmehr gar keine Perspektive mehr), aber dem Sterbenden mag vor seinem Tod und den Hinterbliebenen nach seinem Tod scheinen, daß er *im Tod* wichtige Bezüge zu anderen hat. Die bei Marathon gefallenen Athener und die bei den Thermopylen gefallenen Spartaner wurden jeweils in gemeinsamen Gräbern beigesetzt; ihren Zeitgenossen schien es wichtig, dies zu tun, um ihrer Kameradschaft im Sterben wie im Tod gerecht zu werden. Heutzutage hält man nur Einzelbegräbnisse für angemessen, aber noch immer wollen viele Menschen in der Nähe von bestimmten anderen beigesetzt werden. Heidegger selbst wollte neben seinen Eltern auf dem Friedhof seines Geburtsortes Meßkirch liegen. Als er diesen Wunsch zum Ausdruck brachte, hat ihn die Aussicht auf seinen Tod nicht auf sein nacktes Selbst vereinzelt. Er war der Sohn von Friedrich und Johanna Heidegger und im Tod mit ihnen vereint. War das nun uneigentlich? Sicher nicht mehr als seine Sorge um die posthume Veröffentlichung seiner Werke. Aber wenigstens, könnte Heidegger erwidern, zwingt mich die ernstgenommene Aussicht auf meinen eigenen Tod zu entscheiden, welche Beziehungen zu welchen anderen *mir* wichtig sind. Ich kann nicht länger in der Uneigentlichkeit des *Man* zerstreut sein, zufrieden damit, bei meiner Familie (oder meinen gefallenen Kameraden) beigesetzt zu werden, nur weil „man“ das eben so macht. Wirklich nicht? Ist es denn weniger vernünftig, sich den gebräuchlichen Sitten des Umgangs mit einer Leiche als denen der angemessenen Bekleidung zu unterwerfen? Gleichwohl, wenigstens an diesem Punkt seines Denkens glaubte Heidegger, daß das Sterben das Dasein vereinzelt: „Erst im Sterben kann ich gewissermaßen absolut sagen: ‚ich bin‘“ (20, 440).

Das eigentliche Dasein läuft vor zu seinem Tod, aber wie? Die Antwort auf diese Frage liegt im Gewissen.

Gewissen

Das Problem ist folgendes: *Wenn* das Dasein zu seinem eigenen Tod vorläuft, dann kann es den Fängen des *Man* entgehen und eine eigentliche Wahl bezüglich seiner eigenen Seinsweise treffen und muß sich nicht mit den begrenzten Möglichkeiten zufriedengeben, die das *Man* ihm erlaubt. Aber wie kann es das tun? *Man* kümmert sich schon um den Tod. *Man* sagt mir, ich soll mir keine Sorgen machen, der Tod ist nur eine ferne Möglichkeit. Das Dasein verharrt so in der Umarmung des *Man*, und in diesem Zustand hat es eigentlich kein Gewissen, ist nicht verantwortlich für das, was es ist und tut, und ist an nichts schuldig. *Man* übernimmt die Verantwortung für die Dinge, weil alles, was ich bin und tue, nur das ist, was „man" ist und tut. Schuld und Verantwortung sind dem *Man* übertragen. Nicht einmal wirkliche Entscheidungen treffe ich, ich folge nur der Routine, die „man" mir vorschreibt.

Das Gewissen im herkömmlichen Sinn gebietet oder verbietet gewisse Handlungen aus moralischen Gründen. Oftmals wird es als Stimme aufgefaßt, die mich ruft, manchmal auch als Stimme Gottes. In diesem Sinne von „Gewissen" besitzt der im *Man* Befangene kein Gewissen. Das Gewissen sagt *mir*, was ich tun soll, mir als Einzelnem, als Mir-selbst, und nicht dem „Man-selbst". Es kann mir befehlen, nicht zu tun, was „man" tut, oder zu tun, was „man" nicht tut. Wenn ich dem Man-selbst noch nicht entkommen bin, kann ich kein Gewissen in diesem Sinne haben: Ich betrachte mich gar nicht als von den anderen unterschiedenen einzelnen, der seine eigenen Entscheidungen trifft. Heidegger bezeichnet mit Gewissen sowohl das Gewissen im herkömmlichen wie in seinem eigenen, grundlegenderen Sinn, aber wir sollten beide auseinanderhalten. Nicht jeder hat ein Gewissen im herkömmlichen Sinn, aber jeder hat eines im Sinne

Heideggers. Das Gewissen* (der Stern soll heißen: im Sinne Heideggers) sagt mir nicht, welche bestimmte Wahl ich zu treffen oder zu meiden habe, was ich tun oder nicht tun soll, sondern es ruft mich überhaupt zu einer Entscheidung auf, zu einer Handlung und dazu, selbst die Verantwortung dafür zu übernehmen. Bevor ich wählen kann, muß ich mich dafür entscheiden, überhaupt zu wählen, und zu dieser Entscheidung ruft mich das Gewissen* auf. Erst wenn ich mich für die Entscheidung entschieden habe, dem Ruf des Gewissens* gefolgt bin, kann ich überhaupt ein Gewissen haben. Wenn ich den Ruf des Gewissens* höre, dann, weil ich Gewissen* haben will. Jeder hat ein Gewissen* und wird von ihm dauernd gerufen. Aber nicht jeder antwortet auf diesen Ruf, und niemand antwortet *immer*. Deshalb ist der Ruf des Gewissens* immer wieder unterbrochen.

Wenn ich völlig im *Man* befangen bin, wie kann ich dann je den Ruf des Gewissens* vernehmen? Wie kann es hier überhaupt einen Gewissens*ruf geben? Der Ruf kommt nicht von Gott und nicht von einem Dritten, und das würde auch unsere Frage nicht beantworten helfen. Wir könnten dann immer noch weiterfragen: Weshalb hören die einen Gottes Ruf und die anderen nicht? Ruft er einige lauter und andere leiser, oder schlafen einige tiefer als andere? In diesem Fall wäre der Ruf des Gewissens* wie das Schrillen eines Weckers, das nur laut genug für die ist, die einen leichten Schlaf haben. Aber der Ruf kommt nicht von außen, sondern vom Dasein selbst: Dasein ruft Dasein. Er kann vom Dasein selbst kommen, weil es sich nie ganz und gar und unwiderruflich im *Man* verliert. Das Dasein zieht sich in die Sicherheit des *Man* zurück, weil es auf der „*Flucht* vor ihm selbst als eigentlichem Selbst-sein-können" ist (SuZ 184). Aber das Dasein muß irgendwie erfassen, wovor es flieht, und es ist dieser Rest an Gewahrsein seines eigentlichen Selbst, der es ihm ermöglicht, sich selbst zu rufen und gelegentlich auch auf seinen Ruf zu antworten.

Wenn das Dasein auf den Ruf des Gewissens* antwortet, will es dann sowohl ein Gewissen im herkömmlichen wie im Heideggerschen Sinn? Erwirbt es damit ein Gewissen im herkömmlichen Sinn? Heidegger scheint diese Fragen nicht zu bejahen. Der Ruf sowohl des herkömmlichen wie des Heideggerschen Gewissens enthüllt dem Dasein, daß es schuldig ist. Aber schuldig* in diesem Sinn (der angehängte Stern bedeutet wiederum: im Heideggerschen Sinn) ist das Dasein nicht nur gelegentlich. Jedes Dasein ist schuldig*, aber nur das eigentliche Dasein ist seiner Schuld* gewahr und handelt in diesem Gewahrsein. Der Gedanke einer ursprünglichen, unauslöschlichen Schuld* stammt nicht erst von Heidegger, der ihn hier und da Goethe zuschreibt: „Der Handelnde aber ist, wie Goethe schon sagte, immer gewissenlos. Gewissenlos kann ich eigentlich nur sein, wenn ich das Gewissenhabenwollen gewählt habe" (20, 441). Nur weil jeder schuldig* ist, kann überhaupt jemand schuldig sein.

Weshalb ist das Dasein schuldig*? Mehrere Gedanken spielen hier eine Rolle. Das Dasein trifft *selbst* eine Entscheidung und kann die Verantwortung dafür nicht einem Man oder jemand anderem zuschieben. Das Dasein entscheidet sich für eine unter mehreren Möglichkeiten und vernachlässigt damit unvermeidlich andere wertvolle Möglichkeiten zugunsten derer, die es gewählt hat. Jede Entscheidung hat Folgen, die das Dasein nicht vorhersehen oder beabsichtigen konnte, aber auch für diese muß es die Verantwortung übernehmen. Eine eigentliche Wahl wird wahrscheinlich gegen die vom Man erlassenen Regeln verstoßen. Und was besonders wichtig ist: Wenn das Dasein die Wahl einer Seinsweise nicht bloß für die nächsten zwei Tage, sondern für das ganze Leben trifft, hat es keinen letzten Grund, eher diese Entscheidung als eine andere zu treffen: „Die formal existenziale Idee des ‚schuldig' bestimmen wir daher also: Grundsein für ein durch ein Nicht bestimmtes Sein – das heißt *Grundsein einer Nichtigkeit*" (SuZ 283).

Weshalb ist das Dasein der Grund einer Nichtigkeit? In seiner durchschnittlichen Alltäglichkeit erfolgen die Entscheidungen des Daseins ganz natürlich aus seinem früheren Handeln. Ich habe z. B. versprochen, Martins Schuhe morgen fertig zu haben, also sollte ich mich heute nachmittag an die Arbeit machen. Selbst wenn ich mich vor einem Dilemma sehe – soll ich ihm Kredit gewähren, und wenn ja, wieviel? –, gibt es gängige Wege, dieses Problem zu lösen. Man weiß, was ich in einem solchen Fall zu tun habe, und ich kann immer handeln, wie *man* eben sagt, daß ich handeln soll. Aber wenn ich eine Entscheidung über die Richtung meines ganzen Lebens treffe, sieht die Sache anders aus. Soll ich Schuster bleiben oder Missionar oder Politiker werden? Nichts in meinem vergangenen Leben spricht eher für das eine als für das andere, denn ich entscheide nicht, welchen Schritt ich im Rahmen eines festgelegten Lebensplans als nächsten tun soll, sondern, wie mein Leben als ganzes weitergehen soll. Es nützt mir auch nichts, mich danach zu richten, was *man* dazu meint. Sehr wahrscheinlich werden die meisten, die ich frage, es für dumm erklären, den Beruf des Schusters an den Nagel zu hängen. Aber es ist gleich: Was sie sagen, spielt jetzt keine Rolle mehr. Ich wähle mein eigenes Leben, nicht ihres, und das setzt schon voraus, daß ich mich aus ihrem Griff befreit habe. Das Vorlaufen zu meinem Tod und die Rückwendung zu meiner Geburt ist an die Stelle der Berufung auf das Man-selbst als Entscheidungsgrundlage getreten. Aber meine Wahl scheint nun überhaupt keinen Grund mehr außerhalb ihrer selbst zu besitzen. Das Leben, das ich für mich entwerfe, ist eine Nichtigkeit. Und die Sache sieht nicht besser aus, wenn ich über die Reihe meiner Möglichkeiten nachdenke. Ich habe es nicht mehr mit einer mir vom Man vorgelegten Liste von Möglichkeiten zu tun, das ist wahr. Aber mein Spielraum zu wählen ist dennoch beschränkt, und zwar durch die Situation, in der ich bin und die ich mir nicht selbst ausgesucht habe. Ich kann z. B. kein Ritter oder Astronaut werden. Ganz im Gegensatz zur gewöhnlichen Auffassung scheint die Lebensentscheidung, zu der mich das Gewissen* aufruft, völlig zufällig. Wie

Dr. Johnson einmal sagte: „Eine künftige Lebensweise aus triftigen Gründen der anderen vorziehen, das erfordert Fähigkeiten, die uns zu verleihen dem Schöpfer nicht gefallen hat."

Entschlossenheit

Was tut also das eigentliche Dasein? Es wird entschlossen; Entschlossenheit hängt eng mit Erschlossenheit zusammen, und erschließen seinerseits bedeutet wörtlich *aufschließen, enthüllen, entbergen.* „Die Entschlossenheit", sagt Heidegger daher, „ist ein ausgezeichneter Modus der Erschlossenheit des Daseins" (SuZ 297). Die Entschlossenheit erschließt das Dasein auf neue Weise; das Dasein überblickt sein Leben als ganzes von der Geburt bis zu seinem Tod. Es erschließt auf neue Weise die Welt und die Dinge in ihr, einschließlich anderer Menschen, und damit erschließt es eine Reihe von Möglichkeiten, die dem alltäglichen, im Man verlorenen Dasein nicht deutlich werden. Heideggers Darstellung der Entschlossenheit ist durch seine Studien zur Bekehrung von Paulus, Augustinus und Luther gefärbt. Paulus befindet sich noch in derselben Welt, nachdem er auf der Straße nach Damaskus das Licht erblickt hat, aber alles sieht nun anders aus. Die Entschlossenheit verleiht den Entscheidungen des Daseins eine schicksalhafte Notwendigkeit, und zwar trotz der Nichtigkeit seiner Entwürfe. Luther sagt nicht: „Das ist es vielleicht, was ich tun sollte", sondern er sagt: „Hier stehe ich, ich kann nicht anders." In der Entschlossenheit reißt sich das Dasein zusammen, und zugleich öffnet es sich. Später in SuZ spricht Heidegger vom Augenblick – buchstäblich der Augen-Blick, zugleich aber der Moment, dieser Moment –, um den Moment der Vision, des plötzlichen Sehens zu bezeichnen, in dem das Dasein die in seiner Situation angelegten Möglichkeiten überblickt und eine entscheidende Wahl trifft.

Welche Wahl soll das entschlossene Dasein treffen? Kann seine Entscheidung richtig oder falsch sein? Gibt es überhaupt Kriterien, die besagen, ob sie richtig oder falsch ist? Vom Gewissen im herkömmlichen Sinn wird oft angenommen, daß es sich irren kann, aber kann die Entschlossenheit irren? Heidegger deutet nichts derartiges an, und er sagt auch nicht, daß sich eine Entscheidung unabhängig von der Entschlossenheit beurteilen läßt, mit der sie gefällt wird. Schließlich kann sich das eigentliche Dasein nicht einfach an das halten, was *man* für richtig oder falsch hält, und es kann sich auch nicht auf einen feststehenden Moralkodex berufen. Jeder Kodex und jedes Kriterium, das ihm nahegelegt wird, ist selbst etwas, was gewählt oder verworfen werden muß.

Karl Löwith erzählt einen Scherz, den einer von Heideggers Studenten sich erlaubt haben soll: „Ich bin entschlossen, nur weiß ich nicht wozu." (Löwith, *Mein Leben in Deutschland vor und nach 1933*, Stuttgart 1986, 29) Das ist allerdings nicht fair, denn ein entschlossener Mensch weiß sehr wohl, was er zu tun hat, auch wenn es sich nur, wie bei Paulus, darum handelt, auf Gottes Geheiß zu warten. Aber der Entschlossene hat nicht dieses oder jenes Bestimmte zu tun, und es gibt keine Regeln, nach denen wir entscheiden können, was wir zu tun haben. Heidegger selbst war im Philosophieren entschlossen, aber diese Entschlossenheit hätte er nicht jedem empfehlen können, nicht einmal denen, die das Zeug zum Philosophieren haben. Heidegger hat es immer abgelehnt, ein Werk über Ethik zu schreiben. Ein konkreter Moralkodex, so impliziert er, hängt nicht davon ab, daß wir über eine Ethik als absolut bindende Wissenschaft verfügen (17, 85). Wir alle wissen auch ohne die Hilfe der Philosophie oder der Ethik, daß wir im Normalfall unsere Schulden bezahlen und unsere Versprechen halten sollten. Aber wo es um die zentralen Entscheidungen unserer Lebensführung geht, hilft uns ein Moralkodex nicht weiter. Entweder bietet er keine eindeutige Antwort auf unser Problem, oder er ist sogar selbst fragwürdig. Doch eine „Ethik als absolut bindende Wissenschaft" wäre ebensowenig von Nutzen; auch sie läßt vieles offen oder ist selbst fragwürdig. Heidegger nimmt zu den grundlegenden Entscheidungen eine ähnliche Haltung wie zur Wahrheit ein. Es gibt keine Wahrheit im Sinn der Übereinstimmung mit den Fakten, ebensowenig wie es in den grundlegendsten Fällen Kriterien gibt, die uns erlauben zu sagen, ob eine Auffassung wahr oder falsch ist. Man kann bestenfalls „ursprünglich" sein, die gerade gängige Weisheit des Man hinter sich lassen und so weit wie möglich zur Quelle zurückgehen. Genau so steht es mit der Wahl. Es gibt keine objektiv richtigen Antworten zu den Grundproblemen des Lebens, und es gibt kein Entscheidungsverfahren, solche Antworten zu ermitteln. Bestenfalls kann man entschlossen sein, sich von der Menge zurückziehen und angesichts seines eigenen Lebens als ganzem seine eigenen Entscheidungen treffen. Ebenso wie Aussagen werden auch Entscheidungen immer in einer bestimmten Situation getroffen. Was mir in dieser Situation gut scheint, mag anderen oder mir selbst in einer anderen Situation gar nicht gut scheinen, aber dagegen ist kein Kraut gewachsen. Die einzige Garantie, daß ich das, was ich jetzt mache (z. B. dieses Buch schreiben), auch in zwanzig Jahren noch gutheißen werde, bestünde darin, es erst in zwanzig Jahren zu tun.

Weshalb entschlossen sein?

Das eine Dasein folgt dem Ruf seines Gewissens* und läuft in entschlossener Eigentlichkeit zu seinem Tod vor, ein anderes Dasein nicht. Ist das eine darum besser als das andere, und wenn ja, weshalb? Weshalb ist es besser, entschlossen zu sein, als sich auf der Welle der Alltäglichkeit treiben zu lassen? Falls Heidegger für die Entschlossenheit votierte, dann verträte er doch eine Art Ethik, wenn auch nicht eine besonders bestimmte Ethik, was das konkrete Verhalten angeht. Das entschlossene Dasein braucht sich nicht zu entschließen, seinen Beruf als Schuster aufzugeben, um ein aufregenderes Leben zu führen, aber wenn es weiter Schuhe herstellt, dann tut es das mit „der nüchternen Angst, die vor das vereinzelte Seinkönnen bringt", und sie geht mit der „gerüstete(n) Freude an dieser Möglichkeit zusammen" (SuZ 310). Das, will Heidegger sagen, ist besser als Schuster zu bleiben, nur weil einem nichts anderes einfällt.

Entschlossenheit ist nicht *moralisch* besser als Unentschlossenheit. Sie garantiert uns kein moralisch besseres Verhalten, ja sie macht es nicht einmal wahrscheinlicher. (Hitler war nicht weniger entschlossen als Jesus oder Sokrates.) Noch ist die Entschlossenheit innerlich der Unentschlossenheit moralisch überlegen. Der Vorzug der Entschlossenheit liegt darin, daß sie das Dasein selbst, seine Möglichkeiten und seine Ganzheit auf eine Weise erschließt, über die das unentschlossene Dasein nicht verfügt. Das alltägliche, verfallene Dasein neigt, wie wir gesehen haben, zur Mißdeutung seiner selbst: *„Das Seiende, das wir je selbst sind, ist ontologisch das Fernste“* (SuZ 311, vgl. auch SuZ 15). (Ebenso 63,32: „Das Dasein spricht von ihm selbst, es sieht sich so und so, und doch ist es nur eine *Maske*, die es sich vorhält, um nicht vor sich selbst zu erschrecken.“) Um zu sehen, wie das Dasein wirklich ist, müssen wir das entschlossene Dasein betrachten, aber damit sind wir gleich in mehrfacher Hinsicht in einen Zirkel geraten. Will Heidegger sagen, daß das entschlossene Dasein auf eine Weise *wirklich* Dasein ist, in der es das unentschlossene nicht ist, und wenn ja, mit welchem Recht würde er das tun? Die meisten von uns sind die meiste Zeit unentschlossen. Weshalb sollten wir annehmen, daß wir erst in der Entschlossenheit wirklich zu uns kommen oder daß nur das entschlossene Dasein sich so sieht, wie es wirklich ist? Wenn sich das unentschlossene Dasein als Ding unter Dingen oder als eines unter vielen auslegt, weshalb sollen wir das für falsch halten? Das entschlossene Dasein wäre demnach kein *Ding*, das unentschlossene aber vielleicht doch. Wie kann das sein?

Heideggers Antwort ist folgende: Sowohl die Entschlossenheit wie die Unentschlossenheit, sowohl die Eigentlichkeit wie die Uneigentlichkeit sind Seinsweisen des Daseins. In dieser Hinsicht hat keine Priorität vor der anderen. Aber das unentschlossene, uneigentliche Dasein ist nicht in der Lage, seinen eigenen Zustand oder die Entschlossenheit angemessen auszulegen. Ähnlich kann man im Schlaf oder im Tagtraum *weder* den Schlaf oder Tagtraum *noch* das Wachsein oder die Aufmerksamkeit angemessen darstellen. Die Auslegung der Alltäglichkeit oder der Zerstreuung im *Man* verlangt Abstand von oder Überblick über diese Zustände. Sein ganzes Leben lang ließ sich Heidegger von Platons Allegorie in der *Politeia* leiten: Die gewöhnlichen Menschen sind Gefangene in einer Höhle und sehen nur Schatten an der Wand; einige von ihnen entkommen ins Freie, wo sie wirkliche Dinge und schließlich die Sonne selbst sehen; sie kehren in die Höhle zurück, um die anderen Gefangenen zur Flucht zu überreden. Nur wer der Höhle entkommen ist, kann eine angemessene Darstellung des Zustands in der Höhle und dessen geben, was sich außerhalb der Höhle befindet. Ganz ähnlich kann nur der Entschlossene eine Darstellung der Unentschlossenheit und der Entschlossenheit geben. Als Philosoph muß man entschlossen sein. Erstens muß man sich dem Gleichmaß der Alltäglichkeit entziehen, und zweitens muß man sich über die aktuelle philosophische Situation und die hinter dieser liegende Tradition erheben. Will man mehr leisten als ein bloßes philosophisches Wiederkäuen, dann kann man nicht bloß Begriffe, Lehren und Probleme übernehmen, die uns die Tradition hinterlassen hat. Man muß zu seinem eigenen Tod vorlaufen und in die Vergangenheit zurückkehren, zurück zu der Quelle philosophischer Überlieferung. Dann meistert man die Überlieferung und bleibt nicht von ihr beherrscht. Und das Man hat man schon weit hinter sich gelassen, oder, wie Heidegger sich ausdrückt:

> „Seiend hat [das Dasein] sich je schon auf bestimmte Möglichkeiten seiner Existenz entworfen und in solchen existenziellen Entwürfen vorontologisch so etwas wie Existenz und Sein mitentworfen. Kann aber dann dieses dem Dasein wesenhafte Entwerfen *der* Forschung versagt werden, die, *wie alle Forschung selbst eine Seinsart des erschließenden Daseins*, das zur Existenz gehörige Seinsverständnis ausbilden und zu Begriff bringen will?" (SuZ 315)

Sicher kann man das der philosophischen Forschung ebensowenig versagen, wie man vom Dasein verlangen kann, im Schlaf zu philosophieren.

8. Zeitlichkeit, Transzendenz und Freiheit

Nun zeigt sich auch das eigenste Wesen der Zeit. Das Dasein kann nur in der Zeit und zeitlich erstreckt entschlossen sein, aber dennoch sollten wir nicht sagen, daß Dasein „in" der Zeit sei oder sich „über" die Zeit erstrecke. Die Zeit ist so wenig wie die Welt ein Behälter, in dem sich das Dasein befindet. Was primär ist, ist tatsächlich auch nicht die Zeit, sondern die Zeitlichkeit des Daseins. Das ist ein für Heidegger ganz typischer Zug: Das ursprüngliche Phänomen ist nicht die Welt, der Raum, die Zeit oder die Geschichte, sondern das In-der-Welt-sein des Daseins, seine Räumlichkeit, Zeitlichkeit und Geschichtlichkeit. Was zunächst aussieht wie ein durch ein Nomen bezeichnetes Ding oder wie eine Substanz, wird zu einer Seinsweise des Daseins, die durch ein Adjektiv oder Adverb bezeichnet wird. Das Dasein wird ins Zentrum der Dinge versetzt. „Zeit ist Dasein", sagt Heidegger, und nicht nur das: Zeit ist auch immer *meine* Zeit. „Sofern die Zeit je meinige ist, gibt es viele Zeiten. *Die Zeit* ist sinnlos; Zeit ist zeitlich" (*Der Begriff der Zeit*, 26). Das klingt so, als sei Zeit hoffnungslos subjektiv – wäre da nicht Heideggers nachdrückliche Behauptung, daß das Dasein kein „Subjekt" ist, als habe jedes entschlossene Dasein seine eigene Zeit, die mit seinem eigenen Tod endet und nicht mit der Zeit anderer zusammenhängt. Ganz so schlimm steht es jedoch nicht. Die intersubjektive „Welt-Zeit", die Zeit, die *dieselbe* für jedes Dasein ist, erhält durchaus ihren Platz, als abgeleitetes, aber nichtsdestoweniger reales Phänomen.

In *Sein und Zeit* gibt es mindestens vier Begriffe der Zeit oder Zeitlichkeit. Erstens die „ursprüngliche" oder „eigentliche" Zeitlichkeit, die Zeitlichkeit des entschlossenen Daseins. Zweitens die uneigentliche Zeitlichkeit, die Zeitlichkeit des alltäglichen und/oder verfallenen Daseins. Drittens die Welt-Zeit, die öffentliche Zeit, in der wir Seiendem in der Welt begegnen. Und schließlich viertens die „vulgäre“ oder „gewöhnliche“ Zeit, wie Philosophen von Aristoteles bis Bergson sie gedacht haben, die Zeit als homogene, endlose Abfolge von „Jetztmomenten“ oder Augenblicken. Alle diese Begriffe der Zeit (ausgenommen der erste) leiten sich nach Heidegger vom jeweils vorhergehenden ab. Auch das ist typisch für Heideggers Vorgehen. Er beginnt nicht (wie Husserl) beim einfacheren Phänomen – Zeit als Abfolge von Momenten bzw. in anderen Fällen bei den Organismen oder dem bloß Vorhandenen –, um dann zum komplexeren Phänomen überzugehen – der eigentlichen Zeitlichkeit, dem Dasein oder dem Zuhandenen. Heidegger setzt beim reicheren, komplexeren Phänomen an und leitet die einfacheren schrittweise durch „Modifikation“ ab und in einigen Fällen auch dadurch, daß er Züge des komplexeren Phänomens ausblendet. So sind etwa nicht-menschliche Tiere „privativ“ als Geschöpfe zu verstehen, denen gewisse Züge des Daseins fehlen; das Dasein darf nicht als Tier betrachtet werden, zu dem dann noch etwas hinzukommt, z. B. die Vernunft. Heidegger schreitet sowohl aus phänomenologischen wie aus ontologischen Gründen vom Komplexen zum Einfachen fort. Wir betrachten uns gewöhnlich nicht als tierische Organismen, die außerdem noch vernunftbegabt sind, und ebensowenig betrachten wir die Zeit unserer Entscheidung als Abfolge homogener Jetztpunkte, die dann noch durch unsere Entschlossenheit Bedeutung erlangt. Das Komplexe ist nichts *Zusammengesetztes*: Es entsteht nicht durch die Kombination einfacherer Elemente und kann auch nicht so analysiert werden. Geschichtlich betrachtet ist die Zeit, zumindest unsere Zeiterfahrung, nicht als bloße Reihe von Jetztpunkten in die Welt gekommen, sondern als Zeit des entschlossenen Daseins, das sich um die Stiftung von Ordnung und Bedeutsamkeit in einer offensichtlich feindseligen oder neutralen Umwelt bemüht.

Das entschlossene Dasein läuft zu seinem Tod vor und reicht in die Vergangenheit zurück, bevor es sich in der Gegenwart, in der eigentlichen Gegenwart oder im *Augen-blick* zu etwas entschließt. Es geht in die Vergangenheit zurück, weil es seine gegenwärtige Situation nicht voll erfassen und sich zu nichts entschließen kann, wenn es nicht weiß, wie es in diese gegenwärtige Situation gekommen ist. Ich kann mich z. B. nicht entschließen, dieses Buch jetzt weiterzuschreiben, wenn ich nicht mehr weiß, was ich in ihm bereits geschrieben habe. Das trifft auch zu, wenn die Fortsetzung vergleichsweise geringe Schwierigkeiten bietet. Ich muß zum früher Geschriebenen zurückkehren, vielleicht sogar noch weiter zurückgehen, wenn ich mich z. B. entschlossen habe, das Buch völlig umzustrukturieren, oder wenn ich aufgrund von falschen Annahmen steckengeblieben bin. Aber das Dasein geht noch weiter zurück. Wie weit und wohin? Bis nach Meßkirch im Jahr 1889? Oder bis zu Platon im 4. Jahrhundert v. Chr.? Gelegentlich spricht Heidegger von der Geburt: „Das faktische Dasein existiert gebürtig, und gebürtig stirbt es auch schon im Sinne des Seins zum Tode. Beide ‚Enden' und ihr ‚Zwischen' *sind*, solange das Dasein faktisch existiert" (SuZ 374). Aber Heidegger spricht weit seltener von der Geburt als vom Tod, und er sagt auch nicht, daß die Zeit mit meiner Geburt beginnt, wie sie mit meinem Tod endet. Das ist nur vernünftig: Mein aktives Leben beginnt mit meiner Geburt und endet mit meinem Tod, aber die Vergangenheit, die in meine Gegenwart hineinspielt, muß nicht mit meiner Geburt beginnen. Bei einigen Entscheidungen geht man auf seine Geburt zurück. Als Heidegger den Wunsch aussprach, in Meßkirch begraben zu werden, mußte er sich erinnern, daß er dort geboren wurde. Andere Entscheidungen schließen eine größere Zeitspanne als die des eigenen Lebens ein. Bei seinem Entschluß, die Seinsfrage neu zu stellen, mußte Heidegger zu den Philosophen des antiken Griechenland zurückgehen und konnte sich nicht auf die Werke beschränken, die seit seiner Geburt verfaßt wurden. Natürlich läßt sich alles, was wir tun oder hervorbringen, *sowohl* im Kontext unseres eigenen Lebens *wie* auch im Kontext einer weitausgreifenden geschichtlichen Überlieferung betrachten. Heideggers Ehe und Beisetzung gehören in eine Tradition der Eheschließung und der Beisetzung, und sie gehören zugleich in den Kontext seines eigenen Lebens. Auch *Sein und Zeit* läßt sich sowohl als Ereignis in Heideggers Leben wie auch als Beitrag zu einer philosophischen Tradition betrachten, die im 7. vorchristlichen Jahrhundert beginnt. Bei Entscheidungen über Ehe oder Begräbnis scheint es nur angemessen, sich auf seinen eigenen Lebenszusammenhang zu konzentrieren und die Tradition einfach hinzunehmen. Schon nicht mehr angemessen wäre das jedoch, wenn man entscheiden muß, *wie* man ein Werk wie *Sein und Zeit* schreiben will. Mein eigenes Leben gibt sicher den Ausschlag für die Frage, *ob* ich überhaupt ein Buch schreiben soll. Habe ich mich aber entschlossen, ein philosophisches Buch zu schreiben, dann tritt mein eigenes Leben (einschließlich z. B. eventueller Aussichten auf Festanstellung) in den Hintergrund, und die philosophische Tradition, in der ich stehe, tritt in den Vordergrund. Ganz anders beim Vorlaufen in die Zukunft: Hier kann ich nicht (jedenfalls nicht wesentlich) über meinen eigenen Tod hinausgehen. Sehr wahrscheinlich wird es auch nach meinem Tod Philosophie geben, aber von dieser künftigen Philosophie kann ich mir keine ganz klare Vorstellung machen, und deshalb kann ich sie jetzt auch kaum berücksichtigen. Bestenfalls kann ich im Hinblick auf künftige Leser Vorkehrungen für die posthume Veröffentlichung meiner Werke treffen, in der Hoffnung, daß meine Werke gelesen, verstanden und akzeptiert werden.

Das entschlossene Dasein hat also eine Zukunft, die mit seinem Tod endet, eine Vergangenheit, die sich bis zu seiner Geburt und vielleicht darüber hinaus erstreckt, und eine Gegenwart. Heidegger spricht hier von „Ekstasen", was im Griechischen wörtlich „hinausstehen, vorstehen" und damit auch „außer sich sein, in Ekstase sein" bedeutet. (Ekstase hängt auch mit Existenz zusammen, beide haben die gleiche Wurzel.) Zeitlichkeit, sagt Heidegger, umfaßt diese drei Ekstasen. In der Vorstellung der Zeit als Abfolge von Jetztpunkten spielen sie, wenn überhaupt, nur eine nachgeordnete Rolle. Als Physiker z. B. hat sich Galilei nur dafür interessiert, *wie lange* zwei Kugeln von unterschiedlichem Gewicht auf einer schiefen Ebene rollen, bis sie unten ankommen; es interessiert ihn nicht, ob sie das in der Vergangenheit, Gegenwart oder Zukunft tun. Aber immerhin mußte Galilei sich zu seinem Experiment erst entschließen, und sein Entschluß war gar nicht möglich ohne die ekstatische Zeitlichkeit des entschlossenen Daseins.

Die Zukunft bildet die erste Ekstase, ganz sicher für das entschlossene Dasein, aber mit „Modifikationen" auch für das unentschlossene. Zeit ist wesentlich und ursprünglich immer Zeit für etwas, Zeit, um etwas zu tun, und daran ist die Zukunft unmittelbarer beteiligt als die Vergangenheit oder die Gegenwart. Das deutsche Wort Zukunft, wörtlich „zu-kommen, auf-uns-zu-kommen", besagt ursprünglich, daß die Ereignisse uns aus der Zukunft entgegenkommen, aus der Zukunft auf uns zukommen, sich uns nähern. Heidegger legt dieses Wort jedoch anders aus: Das Dasein läuft zu seinem eigenen Tod vor und „kommt" dann aus der Zukunft „zu sich zurück". Es kehrt nicht einfach in die Gegenwart zurück, sondern es zieht sich aus der Zukunft, vor seinem eigenen Tod, in die Vergangenheit zurück. Auch ist die Vergangenheit für Heidegger nicht einfach vergangen und verschwunden. Die Vergangenheit des Daseins lebt in seiner Gegenwart fort und bestimmt seine gegenwärtige Situation und die in ihr angelegten Möglichkeiten mit. Heidegger spricht von Gewesenheit, da der Seinscharakter in dem „gewesen" stärker hervortritt als im Wort „Vergangenheit". Die Vergangenheit des Daseins ist nichts Totes, Abgelegtes, Zurückgelassenes. Die Vergangenheit, auf die es ankommt, die Vergangenheit, die für seine gegenwärtige Situation ins Gewicht fällt, ergibt sich vielmehr aus der Zukunft. Das Dasein läßt sich von der Vergangenheit auf die Gegenwart zurückwerfen, in der es seine Entschlüsse faßt. Gegenwart bedeutet im Wortsinne so viel wie „entgegen-warten, auf etwas zu warten", aber Heidegger verleiht dem Wort eine aktive Betonung, indem er es mit einem Verb – gegenwärtigen – verbindet, das „etwas gegenwärtig machen" bedeutet. „Nur als Gegenwart im Sinne des Gegenwärtigens", sagt er, „kann die Entschlossenheit sein, was sie ist: das unverstellte Begegnenlassen dessen, was sie handelnd ergreift" (SuZ 326). Gegenwärtig machen ist für die Gegenwart, was „wieder-holen" für die Vergangenheit und „er-warten" für die Zukunft ist. Heidegger meidet so eindeutige und nüchterne Ausdrücke wie „wahrnehmen". Sowohl das unentschlossene wie das entschlossene Dasein hat eine Gegenwart. Nur das entschlossene Dasein aber hat den Augenblick, nur es sieht eigentlich.

Zeitlichkeit und Sorge

Ein einheitliches Selbst ist das Dasein nur aufgrund seiner Fähigkeit, jederzeit sein ganzes Leben zu durchlaufen: zu seinem Tod vorzulaufen, zu seiner Geburt zurückzukehren und wieder in seine Gegenwart einzutreten. Das Dasein zerfällt in Vergangenheit, Gegenwart und Zukunft und reißt sich wieder zusammen, fast wie ein Gummiband. Die triadische Struktur der Zeitlichkeit entspricht verschiedenen anderen Dreiteilungen, auf die wir bereits gestoßen sind. Heidegger „wiederholt" damit die früheren Ergebnisse seiner Analyse, oder er arbeitet sie erneut mit Blick auf die Zeitlichkeit durch. Sorge hat, wie wir gesehen haben, eine dreifältige Struktur; sie ist [1] „Sich-vorweg-[2]schon-sein-in-(der-Welt-) als [3] Sein-bei (innerweltlich begegnendem Seienden)" (SuZ 192). Das erste Element, das Sich-vorweg-sein, verweist primär auf die Zukunft. Jedes Dasein ist sich vorweg, hat etwas im Sinn. In der Entschlossenheit nimmt dieses Sich-vorweg-sein die Form des Vorlaufens zum Tod an, während es in der Uneigentlichkeit in ein bloßes „Erwarten" zerstreut ist, ein Warten auf das, was da kommen mag, und eine Bereitschaft, sich dann damit zu befassen. Die Zukunft entspricht auch dem Verstehen, das wesentlich auf die Zukunft gerichtet ist. Verstehen heißt wissen, wie mit den Dingen umzugehen ist, und in seiner eigentlichsten Form bedeutet es, sich auf sein Leben zu verstehen. Zur Zukunft gehört auch die Existenz, der Überblick des Daseins über sein eigenes Sein. Das zweite Element der Sorge, das Schon-sein-in-der-Welt, betrifft die Vergangenheit. Das Dasein ist in die Welt „geworfen“, es existiert in seiner „Faktizität“, mit den zufälligen Gegebenheiten seiner selbst und seiner Situation, die nicht sein Werk sind und aus denen es nur das Beste zu machen versuchen kann. Geworfenheit und Faktizität werden durch Stimmungen wie die Angst erschlossen, die sich vor allem auf die Vergangenheit richten. Die Angst ist vergangenheitsorientiert, denn sie „ängstet sich um das nackte Dasein als in die Unheimlichkeit geworfenes“ (SuZ 343). Auch das uneigentliche Gegenstück der Angst, die Furcht, ist auf die Vergangenheit gerichtet, denn sie impliziert ein „Sich-vergessen“ in der Verwirrung (SuZ 342). Das dritte Element der Sorge schließlich, das „Sein-bei (innerweltlich begegnendem Seienden)“ betrifft vor allem die Gegenwart, „Gegenwärtigen“ im Sinn des „Begegnen-lassens-von“ Dingen in der gegenwärtigen Situation. Auch das Verfallen ist an die Gegenwart gebunden: Das verfallene Dasein beschäftigt sich mit dem Gegenwärtigen, mit dem, was es gerade zu tun hat, mit dem aktuellsten Geschwätz und nicht weniger mit seiner Vergangenheit und Zukunft. Die Rede, die wie das Verstehen, das Gestimmtsein (Befindlichkeit) und das Verfallen ein zentraler Zug des Daseins ist, gehört keiner der Ekstasen an, sondern steht über allen dreien; der Rede sind alle Zeitformen wesentlich.

Zeitlichkeit und In-der-Welt-sein

Das alltägliche Dasein ist zumeist unentschlossen, was nicht heißen muß, daß es launenhaft oder wankelmütig ist und seine Arbeit liegenläßt. Es hat etwas zu tun, und es konzentriert sich darauf, ohne sich zu fragen, ob das ein passender Weg ist, das Leben zu verbringen. Es geht auf eine Weise eher in der Gegenwart als in der Zukunft auf. Es handhabt Werkzeuge, einen Hammer z. B., mit dem es Nägel einschlägt. Aber „*ein* Zeug“, betont Heidegger, ist „ontologisch unmöglich“ (SuZ 353). Ein Werkzeug oder Zeug überhaupt ist immer Teil eines verweisenden Zeugzusammenhangs. (Die Unmöglichkeit, von der Heidegger spricht, ist eine „ontologische“ und schließt nicht die „ontische“ Möglichkeit aus, daß ich nur ein einziges Werkzeug besitze, etwa, weil die anderen gestohlen wurden oder bei einem Schiffbruch verlorengegangen sind. Dagegen würde Heidegger sehr wohl ausschließen, daß ich ein Rad erfinden kann, ohne zuvor schon eine Idee gehabt zu haben, was damit anzufangen ist.) Indem ich den Hammer benutze, vergegenwärtige ich ihn, konzentriere ich mich auf ihn. Wie ist dann aber die Werkstatt als ganze für mich *da*? Sie könnte gar nicht da sein, würde ich nicht mehr tun, als Dinge zu vergegenwärtigen. Ich habe zwar im Augenblick nicht die ganze Werkstatt im Blick, und noch weniger sehe ich oder denke ich an meine Kunden. Aber das Zeug, das ich gerade nicht handhabe, meine Kunden usw. entfallen mir auch nicht einfach. Ich denke nicht ausdrücklich an sie, aber ich bin mir stillschweigend ihrer Gegenwart gewahr. In gewisser Weise habe ich sie vergessen, genau wie ich mich selbst in meiner alltäglichen Arbeit vergessen habe. So sieht die alltägliche Beziehung zur Vergangenheit aus. Zugleich „erwarte“ ich auch gewisse Dinge, und zwar wiederum nicht ausdrücklich, nicht so, wie ich z. B. erwarte, daß mein Pferd das Rennen gewinnt. Ich erwarte, daß mein Hammer zum Arbeiten taugt, daß die Nägel zur Hand sind, wenn ich sie brauche, ich erwarte nicht, daß ich eine Ratte berühre, wenn ich nach einem Nagel greife. Ich bemerke kaputte oder fehlende Werkzeuge, unerwartete Eindringlinge. Das könnte ich gar nicht, wäre „der besorgende Umgang lediglich eine Abfolge von ‚in der Zeit‘ verlaufenden ‚Erlebnissen‘ (...) Das Bewendenlassen muß als solches, was immer es auch an Zeugzusammenhängen umgänglich zugänglich macht, in der ekstatischen Einheit des gewärtigend-behaltenden Gegenwärtigens gründen“ (SuZ 355). Es ist also Zeit, die das In-der-Welt-sein möglich macht, und zwar Zeit als ekstatische Zeitlichkeit.

In *Sein und Zeit* identifiziert Heidegger das In-der-Welt-sein des Daseins gelegentlich mit der „Transzendenz" des Daseins (öfter dann in späteren Werken, vgl. GA 26 und *Vom Wesen des Grundes*). Das Dasein transzendiert nicht in dem Sinne, daß es entweder zu einem Seienden aus einer anderen Welt würde oder zu einem solchen Seienden gelangte, und es transzendiert auch nicht in dem Sinne, daß es ihm gelänge, die Grenzen seiner eigenen Subjektivität zu überschreiten und eine Verbindung mit einem äußeren Gegenstand aufzunehmen. Es gibt solche Grenzen vielmehr überhaupt nicht. Das Dasein transzendiert, d.h., es tritt über alles und jedes bestimmte Seiende hinaus in die Welt, in der dieses Seiende liegt. Und wenn es nicht transzendierte? Steine transzendieren nicht, auch Insekten oder Hunde nicht und Gott auch nicht. Steine, Insekten und Hunde gehen in verschiedenen Graden in der sie umfassenden Umwelt auf. Was sie sind oder tun, wird von ihrer unmittelbaren Umgebung bestimmt. Die Dinge sind ihnen zu nahe, zu bedrängend, als daß sie ihnen „begegnen" könnten. Auch Gott kann keinen Entitäten begegnen, denn alles Seiende ist sein Geschöpf, ihm ganz und gar und in alle Ewigkeit durchsichtig und in seiner Macht befindlich. Das Dasein jedoch transzendiert anderes Seiendes und entwirft die Welt, in der das Seiende in einer entscheidenden Distanz zu sich selbst liegt. Das Dasein ist (anders als Gott) endlich, es befindet sich inmitten von Seiendem, dem es zugleich erst ermöglicht, dieses Seiende zu sein, und daher erschafft es nicht, sondern begegnet. Aber das Dasein verfügt auch (anders als der Stein oder das Tier) über einen Freiraum, in dem es jenseits der Kontrolle seiner unmittelbaren Umgebung oder irgendeines Seienden leben kann. Das Dasein läßt die Dinge, und die Dinge lassen das Dasein.

Machen wir uns das anhand einer Analogie klar: In einer abgeschlossenen hierarchischen Gruppe (z.B. einer patriarchalischen Familie) können die Mitglieder sich ihre Beziehungen nicht aussuchen, sie können nicht selbst bestimmen, zu wem sie welche Art von Beziehung haben. Diejenigen am unteren Ende der Hierarchie sind denen am oberen Ende ausgeliefert, die über jede ihrer Beziehungen und praktisch über ihr gesamtes Verhalten bestimmen. Das sind die Insekten. Wer an der Spitze der Hierarchie steht, hat die Macht über alle anderen und bestimmt, was sie tun. An der Spitze steht Gott. Weder die Insekten noch Gott *begegnen* einem eigentlichen anderen, sie begegnen nur entweder ihrem unnachgiebigen Unterdrücker oder fügsamen Untertan. Das Dasein jedoch transzendiert jeden solchen anderen und jede solche Beziehung. Es muß sich nicht mit dieser oder jener Person verbinden, auf diese oder jene Weise. Es kann selbst über sein „Mit-sein" bestimmen, es kann selbst entscheiden, mit wem es welche Art von Beziehungen eingeht. Es kann die anderen sein lassen, wie sie sind, unabhängig und sowenig in seiner Macht, wie es selbst sich in ihrer befindet. Das heißt nicht etwa, daß das Dasein tun kann, was es will, andere erlegen ihm sehr wohl Beschränkungen auf. Das Dasein ist nicht Gott. Und das gleiche gilt auch für sein In-der-Welt-sein. Das Dasein läßt anderes Seiende gewähren, auch anderes Dasein, und das andere Dasein läßt auch ihm seinen Freiraum. Nur so kann das Dasein anderem Seienden überhaupt begegnen. Es begegnet nicht zunächst anderem Seienden, dem es dann Weltlichkeit und Bedeutsamkeit überstülpt. Es kann anderem Seienden vielmehr nur begegnen, wenn es dieses andere Seiende auf eine Welt hin transzendiert und von dorther zu bestimmtem Seienden zurückkehrt. Das ist vergleichbar mit einer Spinne, die ein Netz webt und erst dann der Fliege in diesem Netz begegnen kann. (Das Dasein steuert auch zwischen Realismus und Idealismus hindurch. Behielte der Realismus oder der Materialismus recht, dann gliche das Dasein einem Insekt, und behielte der Idealismus recht, dann gliche es Gott. Dasein ist aber *zwischen*: zwischen Gott und dem Insekt, zwischen Geburt und Tod, zwischen sich selbst und der Welt.)

Die Transzendenz des Daseins hängt von seiner ekstatischen Zeitlichkeit ab. Wie kein anderes Seiendes hat das Dasein Zukunft, Vergangenheit und Gegenwart. Jede dieser Ekstasen ist ein „Horizont" oder genauer ein von einem Horizont gesäumtes Feld. Jede wird bestimmt durch einen der drei Aspekte des absichtsvollen menschlichen Handelns, und das ist sein „horizontales Schema" oder „Muster". Zunächst das „Umwillen-seiner-selbst", die Zwecke und Ziele des Daseins – das Schema der Zukunft. (Das Dasein ist nicht wesentlich *egoistisch*, mein Ziel kann sein, anderen zu helfen, aber auch dann ist es *mein* Ziel.) Zweitens das „Geworfensein-in", die nicht in meiner Macht liegende Hintergrundsituation – das Schema der Vergangenheit. Schließlich das „Um-zu", das Zeug, das ich zu meinen Zwecken und Zielen handhabe – das Schema der Gegenwart.

Die ekstatische Zeitlichkeit transzendiert bestimmte Entitäten (Gebilde) in zweierlei Hinsicht. Erstens ist eine Ekstase nicht einfach das Aggregat von Dingen und Ereignissen, denen ich in ihr begegne. Ich laufe in die Zukunft vor und weiß kaum, was geschehen wird; nur um meinen Tod weiß ich, dessen Zeitpunkt aber unbestimmt ist. Wende ich mich der Vergangenheit zu, so rufe ich mir nicht alles Vergangene in chronologischer Reihenfolge etwa bis zu meiner Geburt ins Gedächtnis. Das meiste habe ich vergessen, auch wenn ich dies oder jenes selber erfahren habe, und so wende ich mich ohne weiteres dem bedeutsamen Vergangenen zu. Zweitens erscheint bestimmtes Seiendes in der ekstatischen Zeitlichkeit vor allem als möglich nicht als wirklich. Die Vergangenheit, in die ich geworfen bin, ist nicht um ihres bloßen Vergangenseins willen bedeutsam, sondern um der Möglichkeiten willen, die sie meinem gegenwärtigen und künftigen Leben eröffnet. Der Hammer auf der Werkbank ist nicht etwas bloß Wirkliches, sondern etwas, das ich benutzen oder liegenlassen, das ich zu diesem oder zu jenem Zweck einsetzen kann, der über den Hammer und seine Verwendung selbst hinausgeht. Das Dasein transzendiert den eigenen gegenwärtigen Zustand. Das Interesse meiner Gegenwart liegt in dem, was sie mir zu sein oder zu werden erlaubt.

So transzendiert das Dasein auf die Welt hin, und es transzendiert auch innerhalb seiner Zeitlichkeit. Strukturell ähneln sich diese Weisen der Transzendenz. Doch weshalb sollten wir mit Heidegger annehmen, daß sie auch wesentlich miteinander verknüpft sind, daß das Dasein zeitlich nur transzendiert, wenn es sich auch auf die Welt hin transzendiert, oder gar, daß seine weltliche Transzendenz in seiner zeitlichen gründet? Zweifellos könnte es ohne Zeitlichkeit eine Welt in Heideggers Sinn gar nicht geben, aber heißt das, daß es keine Zeitlichkeit ohne Welt geben kann? Ja, und zwar aus wenigstens zwei Gründen. Erstens kann es keine Zeitlichkeit ohne Seiendes, d. h. ohne Entitäten, ohne andere Gebilde als das Dasein selbst geben. Die Zeit ist keine bloße Reihe von Jetztpunkten, sondern sie ist immer Zeit, etwas mit Dingen zu tun. Zeit ist durch den Bezug auf Dinge und Ereignisse datiert, sie ist z. B. die Zeit meiner Geburt oder die Todeszeit dieses oder jenes anderen. Zudem lassen sich die Dinge und Ereignisse nicht einfach wie an einer Kette aufreihen, ohne jederzeit sogar zu einer Welt zu gehören. Die Nägel, die ich nachher brauchen werde, befinden sich jetzt in der Schachtel im Schrank. Der Ort Meßkirch, wo ich geboren wurde und eines Tages beerdigt werden will, ist auch jetzt da, obgleich ich lange nicht dort gewesen bin. Die Zeit läuft gleichsam in die Welt über. Und zweitens erfordert die Freiheit des Daseins, die durch seine Zeitlichkeit erst möglich wird, wie wir gesehen haben, das In-der-Welt-sein. Einmal vorausgesetzt, daß es Seiendes gibt, muß das Dasein das Seiende transzendieren, es in einer Welt verorten und es zu sich auf Distanz halten.

Ist das Dasein wirklich frei? Sind seine Entscheidungen und Handlungen nicht durch andere Dinge und Ereignisse verursacht, über die es keine Macht hat? Nicht nach Heideggers Ansicht. In späteren Werken sagt er, daß *Gründe* schon die Freiheit des Daseins voraussetzen und sie nicht etwa zunichte machen (GA 26, GA 31 und *Vom Wesen des Grundes*). Würden wir ein Seiendes einfach als wirklich betrachten, dann würden wir gar nicht nach seinen Gründen fragen. Nach dem Grund oder der Ursache von etwas (z. B. der Französischen Revolution oder Stonehenge) fragen wir nur, wenn wir uns dieses Etwas auch anders vorstellen können, wenn wir es uns als nur eine unter anderen Möglichkeiten denken können. Aber es sind die Freiheit und Transzendenz des Daseins, die ihm ermöglichen, ja von ihm verlangen, Seiendes eher als Möglichkeit denn als bloße Wirklichkeit aufzufassen. Deshalb fragt das Dasein nach Gründen, es fragt „Warum?“: „Der Mensch ist primär nicht der Nein-Sager (...), aber ebenso wenig der Ja-Sager, sondern der Warum-Frager“ (26,280). Das Dasein betrachtet jedes einzelne Seiende als Möglichkeit und fragt nach seinem Grund. Es kann auch nach dem Grund alles Seienden überhaupt fragen. Es kann fragen: „Weshalb ist überhaupt etwas und nicht vielmehr nichts?“ (vgl. GA 36 und 40) Es stellt diese Frage, weil es in seinen entschlossenen, angstvollen Momenten das Ganze des Seienden eher als eine Möglichkeit denn als bloße Wirklichkeit betrachtet. Also ist nicht nur die empirische Wissenschaft, sondern auch die Metaphysik – die Philosophie der alten Schule, z.B. von Leibniz oder Schelling –tief in der Freiheit des Daseins verwurzelt. Die Metaphysik, sagt Heidegger, „gehört zur Natur des Menschen (...) alles Existieren ist schon ein Philosophieren“ (26,274).

Heidegger nimmt Kants Lehre vom Primat der praktischen Vernunft ernst – ernster vielleicht als Kant selbst.

9. Geschichte und Welt-Zeit

Heidegger unterbricht seine Darstellung von Zeit in *Sein und Zeit*, um im 5. Kapitel des zweiten Abschnitts „Zeitlichkeit und Geschichtlichkeit“ zu betrachten. Sein Interesse an der Geschichte geht bis ins Jahr 1916 zurück, als er einen Aufsatz mit dem Titel „Der Zeitbegriff in der Geschichtswissenschaft“ veröffentlichte. Der Historiker, führt er dort aus, kann nicht, wie der Naturwissenschaftler, einen rein quantitativen und einheitlichen Begriff der Zeit verwenden. Geschichtliche Zeit ist nicht ohne qualitativ unterschiedliche Perioden (wie etwa das Viktorianische Zeitalter) denkbar, deren Bedeutung von mehr als von ihrer in Jahren gemessenen Dauer abhängt. Die Geschichtswissenschaft und in ihrer Folge die Geschichtsphilosophie hatte im Deutschland des 19. Jahrhunderts einen erstaunlichen Aufschwung genommen. Besonders beeindruckt war Heidegger von Wilhelm Dilthey (1833–1911), dessen gesammelte Schriften ab 1913 veröffentlicht wurden. Dilthey war nicht nur Kulturhistoriker; er versuchte auch, für die Geschichte zu leisten, was Kant für die Naturwissenschaften geleistet hatte, nämlich die grundlegenden apriorischen Bedingungen zu formulieren, die uns das Studium der Geschichte erst ermöglichen. Eine weitere bedeutende Gestalt, die Heidegger zwar nicht in *Sein und Zeit*, aber in seinen frühen Vorlesungen häufig erwähnt, ist Oswald Spengler (1880–1936). In seinem *Untergang des Abendlandes* (2 Bde. 1918 und 1923) führte Spengler die Vergangenheit als eine Reihe von unterschiedlichen, in sich abgeschlossenen Kulturen vor, von denen jede wie ein lebender Organismus einen Wachstums-, Reife- und Verfallsprozeß durchläuft. Gedanken und Werte bestehen nach Spenglers Auffassung immer relativ zu einer besonderen Kultur und haben keine universelle Gültigkeit. Selbst die Mathematik ist kulturell determiniert: Die Mathematik des antiken Griechenland unterscheidet sich ganz wesentlich von der modernen Mathematik und ist nicht einfach deren noch unvollkommene Vorstufe.

Dieses Problem des historischen Relativismus beschäftigte nicht nur Heidegger, sondern auch viele andere Philosophen seiner Zeit. In einer seiner frühen Vorlesungen zitiert er Eduard Spranger:

> „Wir alle – Rickert, die Phänomenologen, die an Dilthey anknüpfende Richtung – treffen uns in dem großen Ringen um das *Zeitlose im Historischen* oder *über* dem Historischen, um das *Reich des Sinnes* und seinen geschichtlichen Ausdruck in einer gewordenen konkreten Kultur, um eine *Theorie der Werte*, die über das bloß Subjektive hinausführt zum Objektiven und Geltenden." (21,91; 63,42)

Heidegger ist mit Sprangers Formulierung nicht einverstanden; er hat deutliche Vorbehalte gegen die Rede von „Werten" und von einem „Reich des Sinns" und spricht in diesem Zusammenhang von Platonismus für Barbaren (21,91). Er stimmt zu, daß der Relativismus ein Problem ist, und er argumentiert, daß es bis dahin drei Versuche einer Lösung gegeben habe. Die eine ist Spenglers Lösung, dem Geschichtlichen seinen Lauf zu lassen und zu akzeptieren, daß es eine übergeschichtliche Objektivität nicht gibt, daß nichts, was im Jahr 1927 wahr ist, im selben Sinn auch 500 v. Chr. wahr gewesen ist. Eine zweite Lösung bildet der Platonismus, der Versuch, ewige Wahrheiten und Werte aus den sich wandelnden historischen Kontexten herauszuhalten, ja die Geschichte überhaupt beiseite zu lassen, eine Lösung, die Spranger bevorzugt und für die auch Descartes oder Husserl votieren. Descartes verachtet die Geschichte, weil ihr die Gewißheit der Mathematik und Physik fehlt, und Husserl interessierte sich kaum für Geschichte, nicht einmal für die Geschichte der Philosophie. Nach Ansicht beider Denker gründet die Philosophie auf intuitiv gewissen Wahrheiten, die sich prinzipiell in jeder geschichtlichen Epoche finden lassen. Die Geschichte von Ideen spielt für deren Wahrheit keine Rolle. Die dritte Lösung des Relativismusproblems ist ein „Kompromiß“ zwischen den beiden ersten; Heidegger schreibt diese Lösung Georg Simmel (1858–1918) zu: „Der *dritte* Weg erkennt ein Minimum von absoluten Werten an, die aber nur in relativer Gestalt im Geschichtlichen gegeben sind“(60,48).

Keine dieser Lösungen ist für Heidegger annehmbar. In der Philosophie, so insistiert er, gibt es keine Kompromisse, um ins Herz der Dinge vorzustoßen. Der Philosoph fängt immer von vorn an (61,13), und es gibt auch keine Wahrheiten, die sich unabhängig von unserer geschichtlichen Situation erkennen lassen. Husserls Unterscheidung zwischen Tatsächlichkeit und Geltung ist nichts als banaler Platonismus (17,94). Husserl ignoriert die Tatsache, daß unsere gegenwärtige Situation, die Situation, in der wir zu welchen Wahrheiten auch immer finden, tief in die geschichtliche Überlieferung eingelassen ist. Die Geschichte ist nicht tot und vergangen, Geschichte ist, was wir sind (17,114). Damit ist die Unterscheidung zwischen systematischer Philosophie und der Geschichte der Philosophie hinfällig. Die Geschichte der Philosophie geht unsere Gegenwart ganz wesentlich an. Wir müssen sie studieren, um uns von den unangemessenen Kategorien zu befreien, die sie uns hinterlassen hat. Umgekehrt müssen wir auch systematische Philosophie betreiben, um uns eine Vorhabe, eine Vor-sicht und einen Vor-begriff für unsere Auseinandersetzung mit der Geschichte der Philosophie zu verschaffen. Dies gilt für jede Geschichte überhaupt. Ich brauche schon eine Ansicht der Vergangenheit, wenn ich eine historische Quelle, z.B. eine Urkunde oder eine Münze, würdigen soll (63,204). Historische Überreste allein machen uns nicht zu Historikern: Wir müssen in der Lage sein, sie *als* Beleg eines vergangenen Ereignisses zu sehen, und das dazu nötige Handwerkszeug gehört unserer Gegenwart an.

Frühere Geschichtsphilosophen – die Platonisten, Spengler und die Kompromißler – haben drei zusammenhängende Fehler gemacht. Sie vernachlässigen die Verwebung der Vergangenheit mit der Gegenwart. Sie betrachten die Vergangenheit bloß mit den Augen des Historikers und begreifen Geschichte als durch die Geschichtswissenschaft vorstrukturiert. Sie lassen das Dasein und seine innere Geschichtlichkeit außer Betracht. Das einzelne Dasein wird in eine Kultur aufgelöst: „Rickert sagt, das menschliche Individuum in seiner Einmaligkeit ist nichts anderes als das, was es für die Kulturwerte *geleistet* hat. Damit ist der Begriff des Individuums rein platonisch gefaßt" (60, 50). Oder aber Dasein wird in die allgemeine Humanität aufgelöst: „Das Leben in der Geschichte war für Dilthey selbst eine Existenzmöglichkeit, die er selbst gelebt hat, die für ihn aber nicht zur Durchsichtigkeit gekommen ist, weil er selbst noch in der traditionellen Geschichtsbetrachtung stecken bleibt, die ich selbst als die *ästhetische Geschichtsbetrachtung* unter der Idee der Humanität bezeichne" (17, 92). Kommt das Dasein erst zu sich zurück, dann sehen wir die Kontinuität von Vergangenheit und Gegenwart. Geschichte ist immer die Geschichte vergangenen Daseins und seiner Welt und nicht die Geschichte anonymer Kulturen oder Perioden, die von unseren ganz verschieden sind.

Geschehen, Geschichte und Schicksal

Das Wort „Geschichte" bezieht sich sowohl auf Ereignisse, insbesondere vergangene, wie auch auf das Studium oder die Erzählung dieser Ereignisse. Das Deutsche kennt hier zwei Worte: Historie und Geschichte, die beide gleichermaßen zweideutig sind. Heidegger behält jedoch den Ausdruck Historie dem Studium oder der Erzählung vergangener Ereignisse vor und bezeichnet mit Geschichte das, was die Historiographie studiert, auch wenn er Geschichte gern völlig unabhängig von der Geschichtswissenschaft betrachtet. Die Wörter geschichtlich und Geschichtlichkeit stammen vom Wort Geschichte, mit dem auch zwei weitere Begriffe verbunden sind: Schicksal und Geschick. Alle zusammen gehen jedoch ursprünglich auf das Wort „geschehen" zurück.

Diese Begriffe – „Geschichte", „Geschehen" und „Schicksal" – scheinen, die Zufälligkeiten der deutschen Sprache einmal beiseite gelassen, doch recht verschieden voneinander zu sein. Wie stimmen sie zusammen? Beginnen wir mit „geschehen", anscheinend dem einfachsten der drei Ausdrücke. Was *geschieht*? Dasein *geschieht*. Dasein erstreckt sich zwischen seiner Geburt und seinem Tod: „Die spezifische Bewegtheit des *erstreckten Sicherstreckens* nennen wir das *Geschehen* des Daseins" (SuZ 375). Das Dasein geschieht nicht als Abfolge momentaner Erfahrungen eines sich durchhaltenden Subjekts. Es geschieht im Vorlaufen zu seinem Tod und in der Rückkehr zu seiner Geburt, durch die entschlossene Wahl einer Möglichkeit im gegenwärtigen „Augenblick" und im Festhalten daran in der „Ständigkeit des Selbst". Diese Möglichkeit ist das *Schicksal* des Daseins:

> „Die ergriffene Endlichkeit der Existenz reißt aus der endlosen Mannigfaltigkeit der sich anbietenden nächsten Möglichkeiten des Behagens, Leichtnehmens, Sichdrückens zurück und bringt das Dasein in die Einfachheit seines *Schicksals*." (SuZ 384)

Nur wer ein Schicksal in diesem Sinn hat, kann äußerliche Schicksalsschläge erleiden. Eine unentschlossene Person, die sich nur treiben läßt, kann wohl Pech haben, aber keine Schicksalsschläge erleiden. Das „Schicksal" unterscheidet sich vom „Geschick":

> „Wenn aber das schicksalhafte Dasein als In-der-Welt-sein wesenhaft im Mitsein mit Anderen existiert, ist sein Geschehen ein Mitgeschehen und bestimmt als Geschick. Damit bezeichnen wir das Geschehen der Gemeinschaft, des Volkes." (SuZ 384)

Das Geschick ist nicht einfach das Aggregat der einzelnen Schicksale. Unsere Schicksale stimmen durch das gemeinsame Sein und Handeln in einer gemeinsamen Welt und Geschichte zu einem einzigen Geschick zusammen:

„In der Mitteilung und im Kampf wird die Macht des Geschickes erst frei. Das schicksalhafte Geschick des Daseins in und mit seiner ‚Generation' macht das volle, eigentliche Geschehen des Daseins aus." (SuZ 384f.)

Heidegger versucht, einen Kurs zwischen einem extremen Individualismus und dem völligen Aufgehen im Man zu steuern.

„Der eine spricht von Alexander, der andere von Herkules"

Das Vorlaufen zum Tode befreit das Dasein aus den Fängen des Man und sichert ihm die Eigentlichkeit seiner Entschlossenheit, aber es sagt dem Dasein nicht von sich aus, was es zu tun hat, und es bietet ihm nicht einmal eine Auswahl von Möglichkeiten für sein Schicksal. Zu diesem Zweck muß das Dasein erst zu seiner Vergangenheit zurückkehren, vielleicht zu seiner eigenen Geburt, wahrscheinlich aber noch weiter zurück. Erst dort eröffnet sich eine große Vielfalt an Möglichkeiten. Viele große Philosophen, Generäle, Staatsmänner, Künstler, Heilige und Liebende mit ihren Taten und Werken gehören zum Erbe des Daseins. Auch bescheidene Küster wie Heideggers Vater gehören dazu. Helden können jede Größe und jede Gestalt haben. Das Dasein sollte solche Möglichkeiten „wiederholen", es sollte „seinen Helden wählen" (SuZ 385). Die Wiederholung einer Möglichkeit bedeutet nicht deren exakte Reproduktion. Schließlich kann ich nicht Alexanders Feldzüge wiederholen: Ich könnte Wort für Wort Platons Texte wiederholen, aber das wäre ebenso sinnlos wie unplatonisch. Wiederholung ist mehr wie ein Gespräch mit der Vergangenheit oder mit einem vergangenen Helden. Alexander oder Platon legen mir durch ihre eigenen Taten und Worte gewisse Möglichkeiten nahe, und ich reagiere auf diese Möglichkeiten: „Die Erwiderung der Möglichkeit im Entschluß ist aber zugleich als *augenblickliche* der *Widerruf* dessen, was im Heute sich als ‚Vergangenheit' auswirkt" (SuZ 386). Ich widerrufe die vom Man vorgezeichneten Möglichkeiten und Auslegungen.

Dem Dasein stehen nicht unbegrenzt viele Helden zur Wahl. Die französischen Revolutionäre haben versucht, römische Vorbilder nachzuahmen. Napoleon hat sich vielleicht Cäsar oder Alexander zum Vorbild genommen. Die meisten entscheiden sich aber für ein Vorbild aus der unmittelbaren Vergangenheit – einen Schuster, einen Priester, einen Küster. Heidegger wählte seine Helden unter den Philosophen. Aristoteles und vielleicht Brentano brachten ihn ursprünglich dazu, eher Philosoph als Küster, Priester oder Soldat zu werden. Von Aristoteles läßt er sich auch im Philosophieren leiten, wenn dabei auch andere Philosophen (Platon, Kant usw.) mit ins Spiel kommen. Das Dasein braucht sich nicht nur *einen* Helden zu wählen, nicht einmal nur einen bestimmten Typus von Helden. Heidegger selbst beruft sich in seinem späteren Werk auf Dichter wie Hölderlin und Rilke. Er wiederholt sie, was aber bedeutet: Er legt sie aus, und zwar gewappnet mit seiner eigenen Vor-habe und Vor-sicht und mit seinem eigenen Vor-verständnis. Er streitet mit ihnen, antwortet ihnen, konfrontiert sie mit den Problemstellungen und Lösungsvorschlägen seiner eigenen Zeit, wobei er aber diese Probleme nun im Hinblick auf seine Beschäftigung mit der Vergangenheit aufgreift oder umarbeitet. Im späteren Werk stellt er sich ausdrücklich als jemand dar, der in einem „Gespräch" mit den Denkern und Dichtern der Vergangenheit begriffen ist. Das ist Heideggers Schicksal. Welche Rolle spielt dieses Schicksal nun in einem Geschick? Napoleons Schicksal ist Teil des Geschicks Frankreichs, und Heideggers Schicksal gehört zu den Geschicken immer größerer Gemeinschaften: seiner Schüler und Anhänger, der Universität Freiburg, des deutschen Volkes und letztlich vielleicht sogar, wie er später gern sagt, des „Westens". Muß jeder Anhänger Napoleons ein Schicksal haben wie Napoleon selbst, wenn Frankreich ein Geschick haben soll? Müssen Heideggers Schüler so entschlossen sein wie ihr Meister, oder genügt es, wenn sie seinem Wort Glauben schenken? Wie viele Deutsche müssen gleichsam auf eigene Rechnung entschlossen „eigentlich" sein? Wenn sich Geschick und Man nur so leicht auseinanderhalten ließen, wie Heidegger annimmt!

Uneigentliche Geschichtlichkeit

Bislang haben wir die eigentliche Geschichtlichkeit beschrieben, die Geschichtlichkeit des entschlossenen Daseins. Meistens ist das Dasein nicht entschlossen, und doch ist es geschichtlich. Seine Geschichtlichkeit unterscheidet sich in zweierlei Hinsicht von der des eigentlichen Daseins. Erstens läuft es nicht zu seinem Tod vor und kehrt nicht zu seiner Geburt zurück, es erlangt keine Ständigkeit seines Selbst in einer augenblicklich getroffenen Entscheidung, und deshalb sieht seine Geschichtlichkeit eher aus wie eine Reihe verschiedener Erfahrungen, die einem sich durchhaltenden Subjekt zugeordnet werden. Das führt zu folgendem Problem, das Heidegger als Scheinproblem betrachtet: Was an diesen Erfahrungen macht sie zu Erfahrungen einer einzigen Person? Zweitens gewinnt das unentschlossene Dasein viel eher als das entschlossene seine Ansicht der Geschichte und der Vergangenheit aus den Gegenständen seines alltäglichen Besorgens. Damit wird Geschichte zu „Welt-Geschichte" – ein zweideutiger Begriff. In einem Sinn ist sogar die eigentliche Geschichtlichkeit Welt-Geschichte, denn geschichtlich ist nicht das Dasein von sich aus, als weltloses Subjekt, sondern das Dasein in der Welt. In einem anderen Sinn bezieht sich „Welt-Geschichte" nicht auf die Geschichtlichkeit des Daseins, sondern auf die Geschichtlichkeit der Dinge in der Welt: Werkzeuge, Bücher, Gebäude, ja sogar auf die Natur als „Landschaft, Ansiedlungs-, Ausbeutungsgebiet, als Schlachtfeld und Kultstätte" (SuZ 388). Das uneigentliche, verfallene Dasein ist nach wie vor in die Welt der Gegenwart zerstreut: „In die Gegenwärtigung des Heute verloren, versteht es die ‚Vergangenheit' aus der ‚Gegenwart'" (SuZ 391). Das eigentliche Dasein dagegen versteht die Vergangenheit in Begriffen der Zukunft, in Begriffen seines eigenen Schicksals.

Die Bedeutung der uneigentlichen Geschichtlichkeit wird klarer, wenn wir Heideggers eigenes Schicksal betrachten, das Philosophieren. Was tut ein Philosoph, wenn seine Existenz uneigentlich geschichtlich ist? Er mag einerseits ein rein „systematischer" Philosoph sein, der sich unter Ausblendung der Geschichte seines Gegenstandes nur mit den aktuellen Gedanken zu diesem Gegenstand befaßt. „Unständig als Man-selbst gegenwärtigt das Dasein sein ‚Heute'. Gewärtig des nächsten Neuen hat es auch schon das Alte vergessen" (SuZ 391). Es hat die *Geschichte* der gerade aktuellen Ideen vergessen. Die uneigentlich geschichtliche Existenz sucht, „beladen mit der ihr selbst unkenntlich gewordenen Hinterlassenschaft der ‚Vergangenheit', das Moderne" (ebd.). Andererseits kann sich ein uneigentlich geschichtlicher Philosoph sehr wohl für die Werke früherer Philosophen und für die Geschichte der Philosophie interessieren, aber ein Interesse an der Geschichte garantiert noch lange keine eigentliche Geschichtlichkeit. Um zu verstehen, warum das so ist, müssen wir uns Heideggers Darstellung der *Historie* und der „Historiographie" zuwenden.

Von der Geschichtlichkeit zur Historie

Das Dasein ist unabänderlich geschichtlich, wenn auch oft nur uneigentlich. Nicht jedes Dasein und auch nicht jede Epoche ist historisch orientiert, am Studium der Geschichte interessiert. Auch bedarf eigentliche Geschichtlichkeit „nicht notwendig der Historie. Unhistorische Zeitalter sind als solche nicht auch schon ungeschichtlich" (SuZ 396). Heidegger denkt hier an die antiken Griechen, die sich längst nicht so sehr wie die Römer oder gar die Deutschen des 19. Jahrhunderts für ihre Vergangenheit interessierten, auch wenn sie die ersten ernstzunehmenden Historiker, Herodot und Thukydides, hervorbrachten. Sie durften die Geschichte der Philosophie vernachlässigen, weil sie auf diesem Gebiet anfänglich oder ursprünglich und frei von der philosophischen Überlieferung waren, die auf uns Heutigen lastet. Die Griechen *machten* eifriger Geschichte, als daß sie Geschichte *studierten.*

Nichtsdestoweniger gründet die Historie in der Geschichtlichkeit des Daseins. Wie alle anderen Wissenschaften setzt die Historie schon eine vorherige Eröffnung des Bereichs voraus, den sie dann „thematisiert". Und weiter setzt sie das Überdauern historischer Relikte einer vergangenen Welt voraus: Urkunden, Gebäude, Skelette usf. Diese Überbleibsel können aber erst dann *als* historisches Material betrachtet werden, wenn wir ihres „welt-geschichtlichen" Charakters gewahr sind:

> „Die Beschaffung, Sichtung und Sicherung des Materials bringt nicht erst den Rückgang zur ‚Vergangenheit' in Gang, sondern setzt das *geschichtliche Sein zum* dagewesenen Dasein, das heißt die Geschichtlichkeit der Existenz des Historikers schon voraus." (SuZ 394)

Das Dasein hat ein „geschichtliches Sein zum vergangenen Dasein", indem es unter ererbten Rollen für sich eine aus der jüngsten Vergangenheit auswählt. Aber selbst in seinem ungeschichtlichen Modus ist das Dasein mit verschiedenen Gestalten und Ereignissen der Vergangenheit vertraut. Wir wissen, daß Cäsar den Rubikon überschritten hat, auch wenn wir nicht wissen, weshalb er es tat oder wo der Rubikon ist. Angesichts eigener bedeutsamer und unwiderruflicher Entscheidungen – der Entscheidung zu heiraten etwa, die nicht so weitreichende Folgen wie die Entscheidung Cäsars hat, aber für das eigene Leben doch recht bedeutsam ist – sprechen wir bis heute davon, daß wir den Rubikon überschreiten. In gewisser Weise „wiederholen" wir also Cäsars Handlung. Auch der Historiker trifft Entscheidungen und beruft sich dabei oft auf die Vergangenheit. Wenn er z. B. Politiker ist, werden die Probleme, denen er sich gegenübersieht, und die Entscheidungen seines politischen Lebens seine Wahl eines historischen Themas beeinflussen: „Die ‚*Auswahl*' dessen, was für die Historie möglicher Gegenstand werden soll, *ist schon getroffen* in der faktischen, existenziellen Wahl der Geschichtlichkeit des Daseins, in dem allererst die Historie entspringt und einzig *ist*" (SuZ 395). Macaulays Entschluß, eine Geschichte Englands seit der Thronbesteigung von James II. zu schreiben, war von seiner Arbeit am Reformgesetz von 1831 und anderen fortschrittlichen Projekten beeinflußt. Die Geschichte Roms in Augustinus' *Gottesstaat* geht u.a. auf die Eroberung der Stadt durch Alarich sowie auf Augustinus' entschlossene Hingabe ans Christentums zurück.

Die Historie und die Möglichkeiten des Daseins

Wie geht der eigentlich geschichtliche Historiker mit der Vergangenheit um? Das Dasein *existiert*, es wählt seine Seinsweise aus den Möglichkeiten, die ihm zur Verfügung stehen. So sieht sich der Historiker, und so sieht er das vergangene Dasein, das er studiert. Ihm geht es nicht einfach um das, was das Dasein wirklich getan oder nicht getan hat, sondern auch um die Möglichkeiten, die es hatte, um das, was es gewählt hat und hätte wählen können, und um das, was es uns an Möglichkeiten hinterlassen hat. Der eigentliche Historiker sagt uns nicht bloß, daß Cäsar den Rubikon überschritten und damit dieses und jenes bewirkt hat. Er sagt uns vielmehr, daß Cäsar zu diesem Zeitpunkt drei Möglichkeiten hatte. Er konnte mit seiner Armee bleiben, wo er war; in diesem Fall hätten seine Feinde in Rom ihm jeden Nachschub abgeschnitten und ihn so weiter schwächen können. Er hätte ohne seine Armee nach Rom zurückkehren können, dann hätten seine Feinde ihn umgebracht. Oder er konnte rechtswidrig mit seiner Armee nach Italien eindringen, was einen Bürgerkrieg zur Folge haben würde.

Ein Staatsmann oder General kann nun Cäsars Lage bzw. diese drei Möglichkeiten mit Blick auf seine eigenen Möglichkeiten untersuchen, d.h. mit der Frage, welche Bedeutung Cäsars Situation für seine eigene haben mag. Wir können uns Heideggers Gedanken aber einmal mehr anhand der Geschichte der Philosophie klarer machen.

Ein Philosoph stellt nicht einfach nur bestimmte Behauptungen auf. Er trifft Entscheidungen, bevorzugt die eine Möglichkeit vor der anderen. Descartes reagierte auf den Skeptizismus mit dem Versuch, das ganze Gebäude der Erkenntnis neu aufzubauen, und zwar ausgehend von selbstevidenten Prämissen. Aber es sind auch andere Reaktionen möglich, z. B. die von Montaigne, der etwa sagt: Wenn ohnehin alles ungewiß ist, dann ist auch der Protestantismus ungewiß, und ich kann ebensogut am überlieferten Katholizismus festhalten. Ein Leser von Descartes (z. B. Kierkegaard) mag eine der von ihm verworfenen Möglichkeiten vorziehen. Ein Leser von Platons *Politeia* (z. B. Schopenhauer) nimmt etwa Platons Behauptung zur Kenntnis, daß Kunstwerke von den wahren Formen oder Ideen weiter entfernt sind als die gewöhnlichen Gegenstände, weil sie diese nachbilden, und diese sind ihrerseits schon Ideen nachgebildet; nun mag er sich über Platons Vernachlässigung einer ganz anderen und vielleicht vorzuziehenden Möglichkeit wundern, daß nämlich die Kunst direkt Ideen nachbildet. Ebenso entscheidet sich Kant in der ersten Auflage seiner *Kritik der reinen Vernunft* für die Auffassung, daß sowohl unsere Sinnlichkeit wie unser Verstand in der Einbildungskraft wurzeln; in der zweiten Auflage verwirft er diesen Gedanken dann und geht von einer grundlegenden Rolle der Vernunft aus. Heidegger bevorzugt nun die von Kant verworfene Möglichkeit, wonach der Mensch ein Wesen ist, das mehr durch seine Einbildungskraft als durch seinen Verstand charakterisiert ist. (Das heißt aber nicht, daß Heidegger ein Irrationalist war: „Der Irrationalismus", sagt er, „redet nur schielend von dem, wogegen dieser [der Rationalismus] blind ist" SuZ 136). Wir müssen also die Philosophen der Vergangenheit auf die Möglichkeiten hin lesen, die sie gewählt oder verworfen und unterdrückt, uns aber dennoch hinterlassen haben.

Nietzsches Möglichkeiten

Heidegger beschließt das Geschichtkeitskapitel mit einigen Illustrationen seiner Herangehensweise an dieses Thema. Er erinnert daran, daß Nietzsche in seiner zweiten *Unzeitgemäßen Betrachtung* mit dem Titel „Vom Nutzen und Nachteil der Historie für das Leben" drei Arten von Geschichtsschreibung unterschieden hatte: die monumentale (die den Glanz der Vergangenheit als Inspiration für Gegenwart und Zukunft darstellt); die antiquarische (die die Vergangenheit um ihrer selbst willen aufzeichnet); und schließlich die kritische (die sich vor allem mit den Fehlern und Mängeln der Vergangenheit befaßt). Weshalb aber nur drei Möglichkeiten? Und stellen diese drei Möglichkeiten überhaupt Alternativen dar? Nietzsche hat wahrscheinlich, sagt Heidegger, „mehr verstanden, als er kundgab" (SuZ 396). Mit Blick auf die Zeitlichkeit des Daseins gehören jedenfalls alle drei von ihm genannten Möglichkeiten zur eigentlichen Geschichtsschreibung. Das entschlossen zukünftige Dasein ist „offen für die ‚monumentalen' Möglichkeiten menschlicher Existenz" (ebd.), und daraus entsteht die monumentalische Geschichtsschreibung. Aber das Dasein ist auch „geworfen" und hat „die Möglichkeit der verehrenden Bewahrung der dagewesenen Existenz" (ebd.), derjenigen Existenz, die ihm erst die Möglichkeit offenbart hat, für die es sich entschieden hat. Das ist die antiquarische Historie. Das Dasein muß überdies in der Gegenwart seine Entscheidungen treffen, und zwar nicht in der Gegenwart, wie das Man sie auslegt, und deshalb „wird die eigentliche Historie zur Entgegenwärtigung des Heute, das ist zum leidenden Sichlösen von der verfallenden Öffentlichkeit des Heute. Die monumentalisch-antiquarische Historie ist als eigentliche notwendig Kritik der ‚Gegenwart'" (SuZ 397). So bestätigt Nietzsche, richtig gelesen, Heideggers Darstellung der Geschichte.

Dagewesenes Dasein

Nietzsche war schon tot, als *Sein und Zeit* erschien, und ebenso Descartes und viele andere Philosophen, mit denen Heidegger sich auseinandersetzt. Husserl (1859–1938) war noch am Leben, aber Heidegger behandelt ihn nicht viel anders als Descartes; beide sind „*Seinsmöglichkeiten* der Sorge selbst" (17, 107). Spielt es für die Geschichtlichkeit überhaupt eine Rolle, ob anderes Dasein tot oder am Leben ist? Manchmal legt Heidegger nahe, daß dem so ist. Historische Gegenstände sind geschichtlich, aber was ist „vergangen"? „Nichts anderes als die *Welt,* innerhalb deren sie, zu einem Zeugzusammenhang gehörig, als Zuhandenes begegneten und von einem besorgenden, in-der-Welt-seienden Dasein gebraucht wurden. Die *Welt* ist nicht mehr" (SuZ 380). Die Historie hat es also mit dem Dasein zu tun, das da war, und weil Dasein In-der-Welt-sein ist, kommt hier Welt-Geschichte ins Spiel: „Mit dem faktischen Dasein als In-der-Welt-sein *ist* je auch Welt-Geschichte. Wenn jenes nicht mehr da ist, dann ist auch die Welt dagewesen" (SuZ 393). Die Welt des Daseins, will Heidegger sagen, stirbt mit dem Dasein. Das ist recht verwirrend. Zwei Zeitgenossen sind gleichermaßen in-der-Welt, und zwar in der gleichen Welt. Weshalb kann ich nun nicht in der gleichen Welt sein, wie jemand es war, der gestorben ist? Zeitgenossen sterben doch nicht alle gleichzeitig, und sie müssen auch nicht alle tot sein, damit wir ihre Geschichte schreiben können. Es gibt immer noch Überlebende der Weltkriege. Wir müssen unterscheiden zwischen „Dagewesensein" und „nicht mehr da sein". Für Heidegger als geschichtliches Wesen kommt es darauf an, daß z. B. Husserl dagewesen ist. Seit seiner Schulzeit („immer schon") waren Husserls Texte greifbar, ebenso wie die von Descartes. Von diesem Gesichtspunkt aus betrachtet, macht es gar keinen Unterschied, daß Husserl noch am Leben ist, daß man ihn noch befragen und er noch antworten kann, während Descartes schon lange tot ist und es nicht mehr kann. Von anderen Gesichtspunkten her betrachtet, mag es einen Unterschied machen. Kann uns die Geschichtlichkeit des Daseins die Idee einer objektiven zeitlichen Ordnung vermitteln, in der Descartes vor Kant und Kant vor Husserl gelebt hat? Vielleicht. Natürlich findet Heidegger bei Descartes keinen Hinweis auf Kant oder Husserl, während sich Husserl oft auf Descartes und Kant bezieht. Haben sie alle in verschiedenen Welten gelebt? Mit Blick auf ihre Gedanken ist das weit weniger plausibel als in Hinblick auf andere Aspekte ihres Lebens. Kants Philosophie ist nicht so überholt wie seine Perücke, aber um die genannten Philosophen in einer chronologischen Reihenfolge anordnen oder auch nur ihre Geburts- und Todesdaten angeben zu können, müssen wir sie derselben Welt und derselben Welt-Zeit zuordnen.

Welt-Zeit

Die Zeit ist „bedeutsam". Dasein braucht Zeit, um dieses oder jenes zu tun, es nimmt sich die Zeit, um etwas zu tun, es kann Zeit „verlieren" oder verschwenden. All das hängt ab von der Seinsart des Daseins als Sorge, von seiner Zeitlichkeit und von seiner Endlichkeit:

„*Das faktisch geworfene Dasein kann sich nur Zeit ‚nehmen' und solche verlieren, weil ihm als ekstatisch erstreckter Zeitlichkeit mit der in dieser gründenden Erschlossenheit des Da eine ‚Zeit' beschieden ist.*" (SuZ 410)

Die Bedeutsamkeit der Zeit ist grundlegender als die Zeitberechnung oder die Zeitmessung. Ich schaue auf die Uhr, weil ich rechtzeitig bei einer Verabredung sein muß. Ich schaue auf meinen Kalender, weil ich mich frage, ob ich meinen Termin werde einhalten können. Ich würde keine Uhren und Kalender konsultieren, wenn ich nicht Zeit bräuchte, um etwas Bestimmtes zu tun, und wenn ich dieses oder jenes nicht rechtzeitig erledigen müßte.

Das Deutsche kennt drei Zeitadverbien, die den drei Ekstasen der Zeitlichkeit entsprechen: *dann* für den Bezug auf die Zukunft, *jetzt* für den Bezug auf die Gegenwart und *damals* für den Bezug auf die Vergangenheit. Beim Planen benutzen wir diese Wörter: Ich muß mich *jetzt* anziehen, bevor das Taxi *dann* kommt; ich muß die Prüfung wiederholen, durch die ich *damals*, beim letzten Prüfungstermin, durchgefallen bin. Sowohl „dann" wie „damals" beziehen sich auf das „jetzt"; das „dann" meint auch „jetzt noch nicht", und „damals" heißt auch „jetzt nicht mehr". Die Zeitlichkeit „verstrickt sich" in die Gegenwart, „die gegenwärtigend vornehmlich ‚jetzt-jetzt' sagt" (SuZ 407).

Das „jetzt", „dann" und „damals" sind „datierbar". Wir schreiben welthaften Ereignissen eine Zeit zu: „dann, wenn das Taxi kommt", „jetzt, da du angezogen bist", „damals, als du durch die Prüfung gefallen bist". Das hängt mit der Bedeutsamkeit der Zeit zusammen: Wir könnten unsere Handlungen nicht zeitlich planen, wenn wir ihnen nicht Zeit zuschreiben könnten. Die Zeit ist zudem „erstreckt" oder ausgedehnt. In erster Linie beziehen wir uns nicht auf Zeitmomente, sondern auf die Zwischenzeiten zwischen ihnen: „Ich werde lesen, bis das Taxi kommt", „ich habe die ganze Zeit gelernt, seit ich durch die Prüfung gefallen bin". Nicht einmal die Gegenwart ist ein ausdehnungsloser Punkt, auch sie umfaßt eine mehr oder weniger lange Zeitspanne: „‚jetzt': in der Pause, beim Essen, am Abend, im Sommer" (SuZ 409). All das wiederum hängt mit der Datierbarkeit zusammen. Was wir tun, was geschieht – nimmt Zeit in Anspruch; in einem Augenblick ohne Dauer können wir gar nichts tun. Die Zeit ist öffentlich, und auch das hängt mit der Datierbarkeit zusammen. Oft datieren wir dieselbe Zeit anhand verschiedener Ereignisse. Die Zeit, die für mich *dann* ist, wenn ich verheiratet bin, ist für jemand anderen z. B. *dann*, wenn du die Schule abgeschlossen hast". Aber gewöhnlicherweise gelingt es uns, die Dinge zu ordnen und eine Zeit anhand eines Ereignisses zu datieren, das nur uns beiden bekannt ist: Ich habe geheiratet, und du hast die Schule verlassen, *damals, als* Deutschland das letzte Mal den Weltmeistertitel gewann. Wir koordinieren unsere Handlungen in der öffentlichen Zeit und verabreden uns z. B. *dann, wenn* das Konzert zu Ende ist.

Uhren erleichtern uns das Leben. Die natürliche, ursprüngliche Uhr ist die Sonne, in deren Licht wir unsere alltäglichen Arbeiten verrichten. Die Sonne ist für alle Erdbewohner auf demselben Längengrad die gleiche. Sie ist nicht an eine einzelne Person oder Tätigkeiten gebunden. Ursprünglich messen wir Zeit anhand der Bewegung der Sonne. „Und weil die Zeitlichkeit des Daseins, das sich seine Zeit nehmen muß, endlich ist, sind seine Tage auch schon gezählt" (SuZ 413). Wir messen Zeit, weil es eine richtige und eine falsche Zeit gibt, etwas Bestimmtes zu tun. Die Zeit ist *bedeutsam*, genau wie die Welt. Damit wird die Zeit weltlich, wird zur Welt-Zeit, in der alles Vorhandene und Zuhandene seinen Platz hat. Später dann, als wir für unsere Aktivitäten vom Sonnenlicht unabhängiger geworden waren, erfanden wir Uhren, die kein Sonnenlicht verlangen, auch wenn sie mit der Bewegung der Sonne mehr oder minder übereinstimmen müssen.

Der „vulgäre Zeitbegriff"

Die immer weiter verfeinerte Zeitmessung verändert unseren Zeitbegriff. Sie betont die Gegenwart auf Kosten der anderen Ekstasen. Ein Läufer in einem Rennen konzentriert sich nicht vorrangig auf die Gegenwart, sondern blickt auf den Moment voraus, da er die Ziellinie erreichen und den Beifall der Zuschauer hören wird, und er nimmt seine Kräfte für den Endspurt zusammen. Für die Person mit der Stoppuhr spielt all das keine Rolle. Jetzt, um Punkt 15 Uhr startet der Läufer, um 15 Uhr 5 hat er die halbe Strecke zurückgelegt, um 15 Uhr 10 kommt er ins Ziel. Derjenige, der die Zeit stoppt, hat Vergangenheit und Zukunft nicht völlig aus dem Blick verloren, sondern „behält" den Moment des Starts und „erwartet" den Moment des Zieleinlaufs, aber beides steht strikt unter der Herrschaft des Jetzt.

Auch die gemessene Zeit ist erstreckt, das Rennen dauert 10 Minuten von 15 Uhr bis 15 Uhr 10. Aber das *Jetzt* ist nicht erstreckt, das Rennen beginnt jetzt, haargenau um 15 Uhr und nicht in einer Zeitspanne, und es endet auch in einem präzisen Zeitpunkt um 15 Uhr 10. Die Gegenwart der Zeitmessung ist, im Idealfall jedenfalls, nicht erstreckt.

Aber die Zeit bleibt öffentlich und bedeutsam. Ich nehme die Zeit bei einem Läufer, und die Zeit seines Laufs unterteilt sich in Phasen, einen Anfang, eine Mitte und ein Ende. Andere Zuschauer sehen das Rennen, und ihre Uhren stimmen vielleicht mit meiner genau überein. Aber derjenige, der die Zeit nimmt, achtet mehr auf die Bewegung seiner Uhrzeiger und weniger auf die Ereignisse der Welt, als es der Läufer oder ein aufgeregter Zuschauer tun. In Zeiten der Langeweile können Uhren geradezu beherrschend werden. Während ich z. B. in einer leeren Bahnhofshalle auf den Zug warte, scheint mir die Zeit endlos und gleichförmig, durch nichts als durch die Bewegungen der Uhr strukturiert. Sie hat keinen Bezug auf irgendein bedeutsames Ereignis, sie scheint ein ganz und gar eigenständiges Gebilde geworden zu sein.

Daraus, sagt Heidegger, ergibt sich die aristotelische Zeitauffassung als Abfolge von Jetztpunkten. Ihrer Datierbarkeit und Bedeutsamkeit entkleidet, wird die Zeit „nivelliert" (SuZ 422) und damit zu etwas Gleichförmigem. Die Jetztpunkte werden als vorhanden betrachtet, und die Zeit wird beinahe zu einem Ding unter anderen. Die Jetzt-Zeit ist ununterbrochen und weist keine Sprünge und Lücken auf, ganz anders als die ekstatische Zeitlichkeit, die über Zeiträume hinweggleitet, in denen sich nichts ereignet. Die Jetztzeit ist unendlich, eine Eigenschaft, die Heidegger auf das Ausweichen vor dem eigenen Tod zurückführt (SuZ 424). Sie ist durch und durch öffentlich, d. h. sie gehört jedermann und niemandem (ebd.). Aber dennoch trägt die Jetztzeit Spuren ihrer Herkunft oder ihres Ursprungs. Die Zeit, sagt man, vergeht, aber man sagt nicht, daß sie entsteht. *„Das Dasein kennt die flüchtige Zeit aus dem ‚flüchtigen' Wissen um seinen Tod"* (SuZ 425). Diese Zeit ist auch unumkehrbar, sie verläuft unwiderruflich in eine Richtung, und das läßt sich nur dadurch erklären, daß sie aus der ekstatischen Zeitlichkeit abgeleitet ist. Für denjenigen, der bei einem Rennen die Zeit nimmt, ist es ziemlich gleichgültig, ob das Rennen vorwärts oder rückwärts ausgetragen wird oder ob seine Uhr vorwärts oder rückwärts geht; er kann die Zeit so oder so messen. Aber für den Läufer gilt das nicht; er hat die

Ziellinie und den noch nicht ganz errungenen Sieg im Auge. Die Jetzt-Zeit entspringt also der ekstatischen Zeitlichkeit. Kaum, wenn überhaupt, ließe sich jedoch umgekehrt zeigen, wie die ekstatische Zeitlichkeit aus der verarmten Jetzt-Zeit entspringen könnte, so sehr wir diese auch mit Bedeutsamkeit und Wert behaften.

Die Jetzt-Zeit ist also abgeleitet. Daraus folgt aber nicht, daß sie unwirklich oder illegitim wäre: *„Die vulgäre Zeitvorstellung hat ihr natürliches Recht*" (SuZ 426). Die Historie braucht die Welt-Zeit, wenn nicht sogar die Jetzt-Zeit: „[Die Zeitlichkeit] zeitigt die Weltzeit, in deren Horizont die ‚Geschichte' als innerzeitiges Geschehen ‚erscheinen' kann" (SuZ 436). Heidegger wünscht nicht, daß wir die Weltzeit zugunsten der ekstatischen Zeitlichkeit außer acht lassen oder verwerfen. Damit verlören wir den stabilen Rahmen, in dem die Entschlossenheit lebt. Eigentlichkeit, Entschlossenheit, ekstatische Zeitlichkeit – sie alle ermöglichen mir erst die Auseinandersetzung mit dem Werk von Aristoteles, und sie erlauben mir z. B. erst die Einsicht, daß der ursprüngliche Sinn der Wahrheit die „Unverborgenheit" war. Uneigentlichkeit, Verfallen und Weltzeit dagegen ermöglichen mir z. B. erst, ein zeitgenössisches Deutsch zu sprechen und zu sagen, daß Aristoteles im Jahr 322 v. Chr. gestorben ist. Hier wie anderswo erfüllt die Uneigentlichkeit durchaus ihren Zweck.

Heidegger versus Hegel

Im vorletzten Paragraphen von *Sein und Zeit* behauptet Heidegger, daß Hegel (1770–1831) die Zeitauffasung des Aristoteles übernommen habe und nicht wesentlich über sie hinausgegangen sei. Weshalb gerade Hegel? Zum Teil, weil Heidegger die größte Achtung für diesen Philosophen hegte, der, wie er in einer Vorlesung einmal sagt, „in der Philosophie so unerhört viel gesehen hat und sehen konnte, weil er eine ungewöhnliche Macht über die Sprache hatte und die verborgenen Dinge aus ihrem Versteck herausriß" (24, 226). Zum Teil kommt er an dieser Stelle auch auf Hegel zu sprechen, weil dieser einige von Heideggers zentralen philosophischen Einsichten und Denkbewegungen vorwegzunehmen scheint. Hegels *Phänomenologie des Geistes* (1807) läßt sich eindeutig als Zurückweisung der überkommenen Erkenntnistheorie zugunsten der *Ontologie* lesen, d.h. zugunsten einer Erforschung des Seins des Erkennenden und des Erkannten sowie ihrer Beziehung zueinander. Aber Heidegger gesteht Hegel diese Ehre doch nicht zu. Für ihn war er der letzte und größte aller Cartesianer, der überlegene Rationalist, der die Ontologie in die Logik aufgelöst hat, der anmaßende Metaphysiker, der den Menschen als unendlich begriff, als dazu bestimmt, die Wirklichkeit mit den Augen Gottes zu sehen. Heidegger setzt sich also mit Hegel kritisch auseinander, einmal, um ein monströses Hindernis auf dem Weg zur Wahrheit beiseite zu räumen, und dann auch, um sich von Hegel deutlich abzugrenzen.

„Der Rest ist Schweigen"

Eine Eigenart jedenfalls teilt Heidegger mit Hegel: die Neigung, versprochene Bücher nicht zu schreiben. Hegels *Phänomenologie* war ursprünglich als erster Teil eines größeren systematischen Werks angekündigt, das weitere Bände zu Logik, Naturphilosophie und zur Philosophie des Geistes umfassen sollte. Der zweite Teil des Systems ist nie erschienen. Heidegger muß daran gedacht haben, als er *Sein und Zeit* unvollendet ließ, aber bis 1953 ließ er sein Buch in Neuauflagen mit dem Vermerk „Erste Hälfte" auf der Titelseite erscheinen. Hoffte er, den Vergleich seines Werks mit Hegels *Phänomenologie* herauszufordern, die die Reise des Bewußtseins durch seine verschiedenen „Formen" zum Gegenstand hat, während Heideggers Werk immer tiefere Schichten des Seins des Daseins hinter den Masken seiner Selbstauslegungen erforscht?

Zweifellos sollten wir wichtigere Gründe dafür in Erwägung ziehen, weshalb Heidegger *Sein und Zeit* nicht fortführte. Er schließt dort mit der Frage: „Offenbart sich die *Zeit* selbst als Horizont des

Seins?“ Sein Gedanke scheint zu sein, daß wir uns mit unserem neugewonnenen Verständnis der Zeit nun dem Sein im allgemeinen zuwenden können, unter Außerachtlassung von bestimmten Seinsmodi und ihrer Beziehung zum Dasein. Mehr als einmal hat Heidegger darauf hingewiesen, daß sich das Dasein nur angemessen untersuchen läßt, „wenn die Ontologie des möglichen innerweltlichen Seienden hinreichend sicher an einer geklärten Idee des Seins überhaupt orientiert ist“ (SuZ 366). Wir können bezweifeln, ob *Sein und Zeit* in dieser Hinsicht wirklich noch interessante Fragen offenläßt. Erstens ist es nicht offensichtlich, daß wir den Unterschied zwischen verschiedenen Modi des Seins – zwischen Steinen, Werkzeugen, Dasein, Zeit und Welt – erst nach einer Untersuchung des Seins im allgemeinen wirklich verstehen können. Heidegger denkt sich das Sein im allgemeinen als „Horizont“ der verschiedenen Seinsweisen, als Blickpunkt, der gleichsam hinter jeder bestimmten Art von Seiendem liegt und von dem her wir deren Mannigfaltigkeit und Bezüge überblicken und unterscheiden können. Aber selbst wenn dem endlichen Dasein ein solcher Standpunkt zugänglich wäre, was ließe sich darüber schon Interessantes sagen? Zweitens scheint Heidegger selbst den Weg zu daseinsunabhängigem Sein oder zu einem Standpunkt jenseits des Daseins versperrt zu haben, indem er immer wieder betont, daß es kein Sein *ohne* das Dasein geben kann. *Sein und Zeit* konzentriert sich nicht unter Ausschluß alles anderen Seienden auf die Seinsweise des Daseins. Die Zeit, die Welt, Hämmer, Steine – alles wird in seinem Sein durch das Dasein ausgelegt. Was kann es mit dem Sein außerdem noch auf sich haben, zusätzlich zu dem, was das Dasein aus alldem macht?

Heideggers Nachdenken hört natürlich nicht mit *Sein und Zeit* auf. Er schreibt über verschiedenste Gegenstände, und oftmals scheint er in Widerspruch zu seinem früheren Werk zu geraten, was er hin und wieder ausdrücklich bestreitet. Es bedarf wohl keiner Erklärung, daß Heidegger in seiner langen Laufbahn als Philosoph nicht immer wieder dieselben Themen aufnahm und hier und da auch seine Ansichten änderte. Bemerkenswert und sicherlich auch seiner ganz persönlichen „Entschlossenheit“ zu verdanken ist jedoch sein Versuch, alle seine Schriften zu einem kohärenten Ganzen zusammenzufügen. Wir wollen im folgenden aber nicht die Frage aufwerfen, wie kohärent sein Gesamtwerk tatsächlich ist, sondern uns lieber einem Schwerpunkt von Heideggers späterer philosophischer Arbeit zuwenden, der in *Sein und Zeit* noch kaum eine Rolle spielt: der Kunst.

10. Kunst

Erst ab Mitte der dreißiger Jahre beschäftigt sich Heidegger in seinen Vorlesungen und Schriften mit der Kunst, und zwar in Verbindung mit seinem Interesse für die vorsokratischen Philosophen, deren Werke oftmals eine poetische Form aufweisen und viel enger mit der griechischen Lyrik verwandt sind als beispielsweise Kants Werke mit der deutschen; für Philosophen wie Schelling und Nietzsche, die der Kunst eine zentrale Stellung in der Philosophie einräumen; und schließlich für die Sprache, die nach Heidegger von den Dichtern gestiftet wird.

Kunstwerke und Dinge

Heideggers allgemeinste Arbeit über Kunst wurde 1950 unter dem Titel *Der Ursprung des Kunstwerks* veröffentlicht, geht aber auf Vorlesungen zurück, die 1935/36 gehalten wurden. Heidegger verwirft hier zwei weit verbreitete Lehren. Erstens, daß es der Kunst nur um die Schönheit und um den Genuß gehe; Kunst ist vielmehr Entbergung des Seins des Seienden (vgl. 40, 113–117). Zweitens, daß das Kunstwerk in erster Linie ein Ding sei und daß ihm ästhetischer Wert erst durch unsere subjektive Betrachtung verliehen werde. Nach Heidegger zeigt uns vielmehr die Kunst allererst, was ein Ding ist. Dennoch ist auch das Kunstwerk ein Ding, und zwar auf zweierlei Weise: Erstens läßt sich ein Kunstwerk, z. B. ein Gemälde, genau wie andere Dinge transportieren und lagern. (Später verwirft Heidegger diese Ansicht, die das Kunstwerk als Vorhandenes betrachtet, wie der

Kunsthändler oder der Spediteur das tun.) Zweitens hat das Kunstwerk etwas Dinghaftes: „Das Steinerne ist im Bauwerk. Das Hölzerne ist im Schnitzwerk. Das Farbige ist im Gemälde. Das Lautende ist im Sprachwerk. Das Klingende ist im Tonwerk" (UK 3).

Was also ist ein Ding? Die drei herkömmlichen Auffassungen in dieser Frage sind folgende: Ein Ding ist (1) ein Träger von Eigenschaften; (2) die Einheit einer Mannigfaltigkeit von sinnlich Gegebenem; (3) eine Verbindung von Stoff und Form. Heidegger verwirft den Dingbegriff (1) und (2), letzteren aus folgendem Grund: „Niemals vernehmen wir, wie er vorgibt, im Erscheinen der Dinge zunächst eigentlich einen Andrang von Empfindungen (...) Wir hören im Haus die Tür schlagen und hören niemals akustische Empfindungen oder auch nur bloße Geräusche" (UK 10). Heidegger bevorzugt den dritten der genannten Dingbegriffe: das Ding als Verbindung von Stoff und Form. Dieser Begriff ist ursprünglich abgeleitet von brauchbarem Zeug wie dem Krug oder dem Paar Schuhe, für das er auch bestens geeignet war. Aber Zeug ist – zwischen dem „bloßen Ding" (z. B. einem Felsblock) auf der einen und dem Kunstwerk auf der anderen Seite – nur eine von drei Dingarten. Ein Kunstwerk unterscheidet sich vom Zeug und hat etwas mit dem bloßen Ding gemeinsam. Wie der Felsblock und anders als die Schuhe ist das Kunstwerk nicht zu einem bestimmten Zweck oder Gebrauch geschaffen, obgleich es, anders als der Fels oder die Schuhe, nichts „Selbstgenügsames" hat (UK 13): Es ruft nach Betrachtung und Auslegung. In der Überlieferung hat aber das Gebrauchsding den Vorrang, und so nimmt Heidegger zunächst diese Dingart unter die Lupe.

Van Goghs Schuhe

Heidegger betrachtet zunächst van Goghs Gemälde eines Paars abgetragener Bauernschuhe. Wir können nicht einfach die Schuhe betrachten, die wir selber gerade tragen, weil schon die Aufmerksamkeit unseren Blick auf sie verzerrt: Schuhe sind für ihren Träger wesentlich unauffällig. Am Gemälde jedoch können wir erkennen, daß die Schuhe sowohl zur Welt (der menschlichen Erzeugnisse und Aktivitäten) wie zur Erde (der natürlichen Grundlage der Welt) gehören. Das wird sowohl vom alltäglichen Träger von Schuhen wie auch vom Theoretiker der Stoff-Form-Verbindung übersehen. Der Träger von Schuhen betrachtet diese wegen seiner fraglosen Vertrautheit mit ihnen als Dinge zum Gehen, als Gehzeug. (Ebenso wie jemand, dem das Golfspiel vertraut ist, den Golfschläger als Ding zum Schlagen von Golfbällen betrachtet.) Die Stoff-Form-Theorie verfeinert diese Auffassung nur. Sie konzentriert sich auf die *Herstellung* von Schuhen und Schlägern und sagt, daß Schuhe und Golfschläger Materie (Leder, Nägel, Metall) mit einer bestimmten, ihnen verliehenen Form (der Brauchbarkeit) sind. Sowohl derjenige, der diese Dinge gebraucht, wie derjenige, der sie theoretisch in Begriffen von Stoff und Form beschreibt, vernachlässigt sehr vieles, was man einem mit diesen Dingen nicht Vertrauten erst einmal erklären müßte: das Eingelassensein der Schuhe in die bäuerliche Welt und ihre Abnutzung durch die Erde; die Bewandtnis, die es mit dem Schläger in der Welt des Golfspiels hat, und die Erde, in welcher sich die 18 Löcher eines Golfplatzes befinden. Was sie vernachlässigen, erscheint jedoch im Gemälde:

> „Van Goghs Gemälde ist die Eröffnung dessen, was das Zeug, das Paar Bauernschuhe, in Wahrheit *ist.* (...) Im Werk ist, wenn hier eine Eröffnung des Seienden geschieht in das, was und wie es ist, ein Geschehen der Wahrheit am Werk.
>
> Im Werk der Kunst hat sich die Wahrheit des Seienden ins Werk gesetzt.“ (UK 21)

Das Werk ist kein Ding, dem auch noch künstlerische Qualitäten hinzugefügt sind; das Werk enthüllt die Natur der Dinge.

Der griechische Tempel

Seinem zweiten Beispiel, dem griechischen Tempel, wendet sich Heidegger aus zweierlei Gründen zu. Einmal will er sich von der Auffassung abgrenzen, der zufolge die Kunst Nachahmung ist: Der Tempel stellt nichts dar, bildet nichts ab. Zum zweiten will er verdeutlichen, daß ein Kunstwerk nicht nur eine Welt *eröffnet* oder *erschließt*, sondern auch eine Welt „aufstellt" oder „fügt", eine Welt, zu der es selbst gehört. Van Goghs Gemälde erschließt die bäuerliche Welt, aber es erschafft sie nicht und gehört ihr auch nicht an. Der Tempel dagegen stellt gleichsam die Welt eines Volkes auf: „Das Tempelwerk fügt erst und sammelt zugleich die Einheit jener Bahnen und Bezüge um sich, in denen Geburt und Tod, Unheil und Segen, Sieg und Schmach, Ausharren und Verfall – dem Menschenwesen die Gestalt seines Geschickes gewinnen" (UK 27). Die Welt eines Volkes ist die vertraute, geordnete Sphäre, in der die Angehörigen dieses Volkes sich zurechtfinden und ihre Entscheidungen treffen.

Der Tempel stellt aber nicht nur eine Welt auf, er erschließt auch ihr Gegenstück, die Erde. Er ist von der „irdischen" oder „erdhaften" Natur umgeben, Stürme umtosen ihn, er steht auf seinem Fels und besteht auch aus irdischem, natürlichem Material. Er eröffnet damit die Erde *als* Erde und gründet die Welt auf der Erde. Jedes Kunstwerk eröffnet die Erde auf seine eigene Weise. Im Zeug werden irdische Rohmaterialien „verbraucht", sie gehen in das hergestellte Artefakt ein und sind nicht länger wahrnehmbar: Es spielt keine Rolle, und wir achten auch gar nicht darauf, ob ein Paar Schuhe aus Leder oder einem anderen geeigneten Material gemacht ist. Im Kunstwerk dagegen wird das Material nicht „verbraucht", sondern nur „gebraucht" und bleibt innerhalb des Werks auffällig (UK 31). Die irdischen Materialien des Gedichts sind die Worte des Dichters; sie bleiben, anders als die Wörter der alltäglichen Rede, auffällig und widersetzen sich einer Paraphrase. Es spielt eine sehr große Rolle, ob der Parthenon-Tempel aus Stein oder aus Plastik gebaut ist, und auf die eine oder andere Weise ist jedes Kunstwerk, wie Heidegger sagt, „Herstellung der Erde" (UK 33).

Welt ist die menschliche Umwelt, in der wir unser Leben führen: die Werkzeuge, die wir benutzen, die Häuser, in denen wir wohnen, die Werte, nach denen wir uns richten. Die Erde ist die natürliche Grundlage dieser Welt, der Grund, auf dem sie aufruht, und die Quelle der Materialien für unsere Erzeugnisse. Welt und Erde befinden sich im Widerstreit. Die Welt strebt nach Klarheit und Offenheit, während die Erde behütet und verbirgt und die Welt in sich hineinzuziehen trachtet. Jede braucht und erhält die andere. Das Kunstwerk überspannt beide. Das gelassene Dastehen des Tempels ist das Ergebnis des Streits zwischen Erde und Welt. Der Tempel ist ein Ereignis, ein Ereignis der Wahrheit als Unverborgenheit. Nur wenn die Dinge aus ihrer Verborgenheit herausgenommen werden, können wir bestimmte Vermutungen anstellen und bestimmte Entscheidungen treffen. Da wir aber als endliche Geschöpfe das Seiende niemals vollständig geistig oder praktisch beherrschen können, gibt es immer auch Verborgenheit. Ohne Verborgenheit könnte es keine Objektivität, keine Entscheidungen und keine Geschichte geben, denn ohne sie wäre uns alles – die Vergangenheit, die Gegenwart und die Zukunft – völlig durchsichtig; keine verborgenen Tiefen und kein Spielraum für Entscheidungen mit ungewissem Ausgang blieben uns. (Die beiden Gegensatzpaare Erde – Welt und Verborgenheit – Unverborgenheit fallen nicht zusammen. Die Erde ist zum Teil unverborgen, und die Welt ist zum Teil verborgen.) Die Wahrheit geschieht im Werk: „Aufstellend eine Welt und herstellend die Erde ist das Werk die Bestreitung jenes Streites, in dem die Unverborgenheit des Seienden im Ganzen, die Wahrheit, erstritten wird" (UK 41).

Heidegger spielt die Rolle des Künstlers herunter und neigt dazu, das Werk als Produkt einer unpersönlichen Kraft wie der Wahrheit oder der Kunst selbst zu betrachten, die sich des Künstlers nur bedient, um sich zu verwirklichen. In der „großen Kunst" löscht sich der Künstler selbst aus, er bleibt „gegenüber dem Werk etwas Gleichgültiges, fast wie ein im Schaffen sich selbst vernichtender Durchgang für den Hervorgang des Werkes" (UK 25). Aber das Kunstwerk ist doch wesentlich ein „Gewirktes" (UK 44). Allerdings unterscheidet sich der schöpferische Prozeß sehr deutlich von der Herstellung eines Werkzeugs: Die Kunst ist kein Handwerk mit einer zusätzlichen Qualität, sowenig wie das Werk ein Werkzeug mit einem gewissen Extra ist.

Kunst und Wahrheit

Weshalb muß die Wahrheit sich in einem Werk ereignen? Der Streit zwischen Verborgenheit und Unverborgenheit ist ein Streit zwischen einem alten und einem neuen Paradigma, etwa einer alten und einer neuen Religion. Ein Kunstwerk ist wie eine Festung oder eine Flagge, durch die der neue, für die Wahrheit erschlossene Boden abgesteckt wird: „Lichtung der Offenheit und Einrichtung in das Offene gehören zusammen" (UK 48). Es gibt aber, wie Heidegger einräumt, noch andere Weisen des Wahrheitsgeschehens, z. B. den Akt, der einen politischen Staat begründet, oder „die Nähe dessen, was schlechthin nicht ein Seiendes ist, sondern das Seiendste des Seienden" (zu denken ist hier etwa an die Bekehrung des Paulus); zudem nennt Heidegger das „wesentliche Opfer" (denken wir an die Kreuzigung) und „das Fragen des Denkers" (ebd.). Die Wissenschaft dagegen ist für Heidegger kein „ursprüngliches Geschehen der Wahrheit", sondern nur „der Ausbau eines schon offenen Wahrheitsbereiches". Und er fügt hinzu: „Wenn und sofern eine Wissenschaft über das Richtige hinaus zu einer Wahrheit und d. h. zur wesentlichen Enthüllung des Seienden als solchen kommt, ist sie Philosophie" (ebd.). Hauptsächlich vollzieht sich aber das Wahrheitsgeschehen in der Kunst. Dort geben der griechische Tempel und die griechische Tragödie den Grundriß vor, die Werte und die Kategorien, in deren Rahmen ein ganzes Volk die Welt sieht und seine Entscheidungen trifft.

Weshalb muß das Kunstwerk geschaffen werden? Ein Werk setzt schon einen „Riß" zwischen Erde und Welt voraus, und anders als Zeug braucht es (und verbraucht nicht) die Erde, das erdhafte Material „im Feststellen der Wahrheit in die Gestalt" (UK 50). Der Begriff

„Riß" verweist auf den Grundriß, den Grund-Plan oder das Muster, aber er besagt vor allem, daß das Werk auffällig ist, weil es sich immer einer Spannung verdankt, die es verkörpert. Ein Besen verschwindet gleichsam unter anderem Zeug, und das Material, aus dem er besteht, ist in ihm „verbraucht", in etwas Nützliches überführt worden. Ein Werk dagegen steht allein da, es trägt eine Spannung aus, es springt uns gleichsam an und stößt uns aus dem Gewöhnlichen heraus „ins Offene". Daher ist es in ganz besonderer Weise zur Verkörperung der Wahrheit geeignet. Aber schon seine bloße Existenz ruft nach Erklärungen, denn sie trägt (anders als das Werkzeug) die Narben seiner Entstehung. Der Riß braucht den Schaffenden, der ihn auszuhalten und künstlerisch zu gestalten vermag.

Ein Werk braucht neben dem Schaffenden auch das Publikum oder die „Bewahrenden", und es „erwirbt und erharrt" deren „Einkehr in seine Wahrheit" (UK 53), indem es die gewohnten Werte, Erkenntnisse und Sichtweisen erschüttert. Die angemessene Antwort auf ein Werk ist weder Wissen noch Wollen, sondern „Wissen, das ein Wollen, und das Wollen, das ein Wissen bleibt" (ebd.). Es handelt sich nicht um die Ausführung eines Plans, den man bereits geformt hätte, sondern um „Entschlossenheit", um den ekstatischen Eintritt in eine neue Sphäre der Offenheit, in der alle unsere alten Überzeugungen und Wünsche außer Kraft gesetzt sind. Eine solche Reaktion auf das Werk ähnelt der Bekehrung des heiligen Paulus; sie eröffnet ein ganz neues Feld des Wissens und Wollens, das mit unseren früheren Begriffen und Plänen nichts mehr zu tun hat. Die große Kunst orientiert sich sowenig wie die Stimme Gottes an irgendeinem Publikum, sondern ändert vielmehr unsere gesamte Sichtweise der Welt und unsere Möglichkeiten, uns in der Welt zurechtzufinden. Aber das Werk ist nicht etwa eine Droge, und seine Erfahrung ist auch nichts Privates; das Werk ist gemeinschaftlich und legt den Grund für unser Mitsein mit anderen.

Ein Werk, hatte Heidegger gesagt, ist kein bloßes Ding und kein Werkzeug, dem noch etwas hinzugefügt wurde. Die Dinge und die Stoffe bleiben im Zeugzusammenhang unauffällig und werden erst in den Werken ans Licht gebracht. Wie steht es aber um den Künstler? Muß er über die Natur und die Dinge, die er darstellt, Bescheid wissen, bevor er überhaupt ein Kunstwerk erschaffen kann? Nein, sagt Heidegger: das Werk selbst zeichnet den Riß vor und aus (UK 56). Der Künstler hat nicht *zunächst* ein klare Vorstellung von den Dingen, die er *anschließend* in einem Werk umsetzt. Vielmehr lichtet sich ihm die Natur ebenso wie uns erst im Werk. Das Werk braucht die Schaffenden, die Wahrheit ins Werk setzen, und auch die Bewahrer, die das Werksein in Gang und ins Geschehen bringen und verwirklichen – es braucht ihr gemeinschaftliches Wissen/Wollen (UK 59). Aber das Werk macht auch Schöpfer ebenso wie Bewahrer *möglich.* Die Schaffenden stehen im Dienst einer Macht, die größer ist als sie selbst: der Kunst.

In gewisser Weise kommt die Wahrheit von nirgendwo. Wir können van Goghs Gemälde nicht erklären, indem wir annehmen, daß er zufällig auf ein Paar alte Schuhe gestoßen ist, die er dann gemalt hat. Denn erstens würden die Schuhe selbst in keiner Weise erklären, weshalb van Gogh sie so und nicht anders gesehen hat, und zweitens hat er sie gar nicht auf *neue Weise* sehen können, bevor sein Gemälde entstand, oder, wie Heidegger sagt: „Vielmehr geschieht die Eröffnung des Offenen und die Lichtung des Seienden nur, indem die in der Geworfenheit ankommende Offenheit entworfen wird" (UK 58). Die Kunst kommt, genau wie die Bekehrung des Paulus, wie ein Blitz aus heiterem Himmel.

Dichtung

Alle Kunst, sagt Heidegger, ist wesentlich Dichtung: „Wahrheit als die Lichtung und Verbergung des Seienden geschieht, indem sie gedichtet wird. *Alle Kunst* ist als Geschehenlassen der Ankunft der Wahrheit des Seienden als eines solchen *im Wesen Dichtung*" (UK 58). „Dichtung" ist hier in einem sehr weiten Sinn zu verstehen und meint in etwa „Erfindung" und „Entwurf". Was der Künstler ins Werk setzt, ist nicht von den Dingen um ihn herum abgeleitet, sondern ist Erfindung und Entwurf. Die Wirkung des Werkes, fährt Heidegger fort, „beruht in einem aus dem Werk geschehenden Wandel der Unverborgenheit des Seienden“ (ebd.). Alle große Kunst „beruht in einem aus dem Werk geschehenden Wandel der Unverborgenheit des Seienden“ (UK 60): Sie erleuchtet das Gewöhnliche und reißt uns zeitweise aus der gewöhnlichen Welt in eine andere Welt; sie verändert unsere gesamte Weltsicht. Im engeren Sinne bedeutet „Dichtung“ jedoch „Poesie“, und poetische Werke sind die dritte Art von Kunstwerken, mit denen sich Heidegger beschäftigt. Nicht daß er alle anderen Künste als von Poesie abgeleitet betrachtet. Sprache ist für Heidegger mehr als ein bloßes Kommunikationsmedium für das, was wir wissen. Sprache, die für diesen Zweck gebraucht wird, ist wirkliche Sprache zu einem gegebenen Zeitpunkt. Sprache bringt auch Seiendes aus der Verworrenheit hervor: „Indem die Sprache erstmals das Seiende nennt, bringt solches Nennen das Seiende erst zum Wort und zum Erscheinen. (...) Das Sagen ist ein Entwerfen des Lichten, darin angesagt wird, was als das Seiende ins Offene kommt“ (UK 59). Sprache in diesem Sinn legt überhaupt erst fest, was in der Sprache der Kommunikation mitgeteilt werden kann und was nicht. Dichtung ist sprachlich, und sie ist eine Kunstform, die entwerfend die Wahrheit zu lichten vermag. Deshalb muß sie ein entwerfendes Sagen sein, muß sie Sprache auf ursprüngliche und anfängliche Weise verwenden, um die Dinge beim Namen nennen und damit erst einen Bereich eröffnen zu können, in dem Mitteilung möglich ist.

Aber die Dichtung ist nicht bloß eine unter vielen Künsten. Die anderen Künste – Architektur, Skulptur, Malerei, Musik – setzen den von der Dichtung eröffneten Bereich schon voraus und brauchen ihn. Die „Lichtung“, die durch Sprache, d. h. durch Dichtung herbeigeführt wird, ist den Lichtungen durch andere Künste vorausgegangen. Die Dichtung ist also ursprünglicher als die anderen Künste, ebenso wie sprachliche Lichtung anderen Formen der Lichtung gegenüber ursprünglich ist.

Die Stiftung der Wahrheit

Alle Kunst ist *dichterisch*, entweder erfindend oder entwerfend. Das gilt auch für die Bewahrung eines Werks, denn der Bewahrende muß die durch das Werk eröffnete Sphäre betreten. Das Wesen der Dichtung ist, so fährt Heidegger fort, „die Stiftung der Wahrheit". „Stiftung" hat einen dreifachen Sinn, und die Kunst umfaßt alle drei Hinsichten. Stiften ist „Schenken": „Das Bisherige wird in seiner ausschließlichen Wirklichkeit durch das Werk widerlegt. Was die Kunst stiftet, kann deshalb durch das Vorhandene und Verfügbare nie aufgewogen und wettgemacht werden. Die Stiftung ist ein Überfluß, eine Schenkung" (UK 61).

Zweitens heißt Stiften „Gründen". Die Wahrheit wird nicht ins Leere hinein vollzogen, sondern richtet sich an die Bewahrenden, an ein geschichtliches Volk, dessen Geworfenheit als Dasein wiederum dreierlei umfaßt: zunächst die „Erde", das Land, auf dem ein Volk lebt und das es kultiviert, aber auch dauerhafte Züge seiner Welt, wie die Sprache, die es spricht. Zweitens das Geläufige und Bisherige, die alte „Welt", z. B. die überkommenen heidnischen Gebräuche und Glaubensinhalte. Drittens die neue „Welt", das „Unvermittelte des Anfangs", das Aufbrechen einer neuen Welt, z. B. mit dem entstehenden Christentum (UK 62f.). Durch diese drei Züge läßt sich aber noch nicht die Schöpfung beispielsweise eines christlichen Kunstwerks erklären, insbesondere die „alte Welt" bietet hier Schwierigkeiten. Aber eine solche Schöpfung ist durch diese drei Züge geleitet. Sie ist in Deutsch verfaßt, wird den Bewahrenden geschenkt und überbringt eine christliche Botschaft. Eine solche Schöpfung bringt das Geschick eines Volkes zur Sprache und stiftet dieses Volk auf seinem eigenen natürlichen Boden.

Stiftung ist drittens auch „Anfang". Jeder Anfang ist in gewisser Weise unmittelbar oder unvermittelt, aber ihm können auch lange Vorbereitungen vorausgehen, wie bei einem Sprung, auf den wir uns lange vorbereiten müssen. Ein wirklicher Anfang ist nichts Einfaches oder Primitives, sondern enthält verborgen schon das Ende in sich;

er ist immer schon ein Vorsprung, der alles Kommende bereits übersprungen hat (UK 62). So sind die Epen Homers nicht primitiv oder einfach, sondern enthalten schon die Tragödien, die später die Welt der griechischen Stadtstaaten eröffnen. Die Geschichte der Kunst ist kein stetiger Prozeß, in dem sich immer mehr ansammelt, sondern sie ist zerrissen durch tiefgreifende Ausbrüche schöpferischer Energie, mit deren bleibenden Bruchstücken künftige Generationen irgendwie zu Rande kommen müssen.

„Immer wenn das Seiende im Ganzen als das Seiende selbst die Gründung in die Offenheit verlangt, gelangt die Kunst in ihr geschichtliches Wesen als Stiftung" (UK 62f.). So verändert die Kunst unsere gesamte Seinsauffassung. Dreimal ist das im Westen geschehen. Zum ersten Mal und am radikalsten im antiken Griechenland mit der Auffassung des Seins als Anwesenheit. Dann im Mittelalter, wo das von den Griechen gelichtete Seiende in Dinge verwandelt wurde, die von Gott geschaffen worden sind. Und schließlich in der Neuzeit, als aus dem Seienden bloße Gegenstände wurden, die berechnet und beherrscht werden können. (Hier liegt nach Heidegger die Wurzel der „Technik".) Jedesmal entsteht eine ganz neue Welt, das Seiende zeigt sich in seiner Unverborgenheit, und die neue Welt setzt sich ins Werk, ein Ins-Werk-setzen, das in der Kunst seine Vollendung findet. Mit der Kunst kommt ein Riß in die Geschichte, und die Geschichte beginnt von neuem. Die Kunst stiftet Geschichte, und zwar nicht Geschichte im Sinn der Abfolge wichtiger Ereignisse, sondern Geschichte als das Eintreten eines Volkes in sein Geschick. Von hier aus können wir das Wort „Ursprung" im Titel von Heideggers Werk verstehen: der Ursprung ist ein Vor-Sprung (UK 64). Die Kunst läßt die Wahrheit vor-springen. Die Kunst ist der Ursprung oder der Vorsprung des Kunstwerks, und sie ist damit Ursprung auch der Schaffenden und Bewahrenden des Werks, d.h. der Ursprung der Existenz eines geschichtlichen Volkes überhaupt.

Das Ende der Kunst

Auch *Der Ursprung des Kunstwerks* schließt, wie schon *Sein und Zeit*, mit einer Auseinandersetzung mit Hegel (UK 65ff.) Heidegger fragt: Ist die Kunst noch immer eine wesentliche und notwendige Weise des Geschehens der Wahrheit, das für unsere geschichtliche Existenz unabdingbar ist? Hegel hat diese Frage verneint. Aber Hegels Antwort erfolgte im Rahmen einer schon geschehenen Wahrheit des Seienden, im Rahmen einer Wahrheit, die das westliche Denken seit den Griechen bestimmt hat. Über Hegels Behauptung vom Ende der Kunst kann nur von einer ganz anderen Wahrheitsauffassung her entschieden werden. Gegenwärtig sind wir noch zu tief in den überkommenen Begriff der Wahrheit verstrickt, als daß wir Hegels Behauptung richtig einschätzen könnten, und so bleibt uns nur, weiter über die Kunst nachzudenken. Damit können wir keine Kunst erzwingen, aber wir können sie vorbereiten: „Nur solches Wissen bereitet dem Werk den Raum, den Schaffenden den Weg, den Bewahrenden den Standort" (UK 64). Heidegger betrachtet sich selbst als eine Art Johannes den Täufer der neuen Kunst und der kommenden Welt.

Die Kehre

Mit dem Wort „Kehre" bezeichnet Heidegger zweierlei: zum einen die perspektivische Verschiebung im Übergang von den beiden ersten Abschnitten von *Sein und Zeit*, der Analytik des Daseins, zum dritten Abschnitt, der dem Sein und der Zeit gewidmet sein sollte; und zum zweiten den Übergang von der Seinsvergessenheit zur Erinnerung des Seins, auf die er hoffte. Oft wird mit „Kehre" auch die Veränderung in Heideggers Denken selbst bezeichnet, die um 1930 eingetreten sein soll. Können wir Anzeichen für eine Kehre in diesem dritten Sinn erkennen? Hat Heidegger seine Auffassungen zwischen *Sein und Zeit* und dem *Ursprung des Kunstwerks* geändert?

Die Kontinuitäten zwischen beiden Werken liegen klar auf der Hand. Heidegger geht es noch immer um das Dasein und seine Welt. Aber der Schwerpunkt seines Interesses ist jetzt ein anderer. In *Sein und Zeit* ging es um die Natur des Daseins in einer bereits vorgefundenen Welt. In *Der Ursprung des Kunstwerks* wird eine andere Frage aufgeworfen: Wie wird eine Welt überhaupt eingerichtet, wie entsteht sie überhaupt? Heidegger nähert sich dieser Frage durch die Betrachtung einer ganzen Reihe immer grundlegenderer Kunstwerke. Zunächst wendet er sich einem Gemälde von van Gogh zu, das uns eine schon an ihrem Platz befindliche Welt enthüllt. Zweitens betrachtet er einen Tempel, der oft der beherrschende und strukturierende Mittelpunkt eines Stadtstaates ist. Hier verweist er auch auf die Tragödien, die ihren Ursprung in der griechischen Polis haben, wenngleich sie auch in anderen Städten aufgeführt wurden. Schließlich befragt er, zumindest andeutungsweise, die Dichtung Homers und Hesiods, eine Dichtung, die als Gemeinbesitz der ganzen antiken griechischen Welt gilt.

Zweifellos übertreibt Heidegger. Ist die Kunst wirklich immer so entscheidend für die Bildung von Welt, wie sie es vielleicht für die Griechen einmal war? *Entstand* die christliche Welt wirklich aus der Kunst, oder hat die Kunst sie nicht eher nur gefeiert? Können wir nicht sagen, daß dieses oder jenes „Zeug" – das erste Automobil etwa oder die Concorde – mindestens ebenso wirkungsvoll wie jedes Kunstwerk eine Welt entspringen ließ? Ist jedes beherrschende Monument – wie etwa Trafalgar Square – auch ein großes Kunstwerk? Aber diese Vorbehalte seien hier nur nebenbei angeführt. Entscheidend ist, daß dem Dasein bei der Entstehung einer Welt nicht mehr die grundlegende Rolle zukommen kann. Es kann in dieser Hinsicht nicht, wie in den beiden ersten Abschnitten von *Sein und Zeit*, im Mittelpunkt des Geschehens stehen.

Dasein ist wesenhaft in der Welt. Gewöhnliche menschliche Entdeckungen, Mitteilungen, Entscheidungen und Handlungen setzen einen vertrauten Hintergrund von Werten und Kategorien, Gebräuchen und Gewohnheiten schon voraus. Wie entsteht diese Welt? Und wie soll sie sich überhaupt radikal verändern können? Sicher nicht durch das gewöhnliche Dasein, das immer schon in dieser Welt ist. Also vielleicht durch das außergewöhnliche Dasein, den Künstler, den Dichter oder gar den Denker? In der Nachfolge Hölderlins beschreibt Heidegger den Dichter manchmal als eine Art Halbgott in einem Niemandsland zwischen Göttern und Menschen, als Überbringer von Winken der Götter an das Volk. In diesem Niemandsland entscheidet sich für Heidegger, was der Mensch ist und wo er seine Existenz findet (vgl. *Hölderlin und das Wesen der Dichtung* in GA 4).

Der Künstler oder der Dichter können ihre Werke nicht auf gewöhnliche menschliche Weise hervorbringen, auf eine Weise, die schon die Welt voraussetzt, die durch sie ja erst entsteht. Er muß so etwas wie das Medium einer unpersönlichen Kraft sein – der Kunst oder der Wahrheit oder des Seins selbst. Der Künstler muß entschlossen sein, ekstatisch „offen“ für jene Kraft. Die Entschlossenheit, die ursprünglich eine Art und Weise des „Eigentlichseins“ in *dieser* Welt zu sein schien, spielt nun eine andere, neue Rolle. Sie erlaubt dem Schöpfer – und den Bewahrern – die Stiftung einer neuen Welt.

Auch die Rolle der Sprache hat sich gewandelt. In *Sein und Zeit* entsteht die Sprache aus der bedeutsamen Bewandtnisganzheit der schon eingerichteten Welt. Ihre Rolle im *Ursprung des Kunstwerks* ist dagegen viel grundlegender. Die entwerfende Sprache, die erste Benennung der Dinge, trägt zur Stiftung einer Welt bei. Auch die Sprache kann jetzt nicht mehr auf gewöhnliche Weise benutzt werden, die unseren Besitz von Sprache schon voraussetzt. Auch sie, zumindest als entwerfende Sprache, ist nun eine unpersönliche Kraft, die das Dasein und seine Welt konstituiert, und sie ist nicht länger bloß ein Medium der Mitteilung. Daher sagt Heidegger manchmal (z. B. in *Der Satz vom Grund*), daß die Sprache spricht und nicht der Mensch, der vielmehr nur spricht, insofern er der Sprache entspricht.

Der ursprüngliche Sprung

Hat sich Heideggers Denken also verändert, oder stellt er nur andere Fragen? Oder haben sich aus seinen früheren Fragen andere entwickelt? Vielleicht sollten wir uns erinnern, was er selbst über das „Anfangen" sagt. Ein eigentlicher Anfang, sagt er in *Der Ursprung des Kunstwerks*, ist nichts Einfaches oder Primitives, sondern ist Vor-Sprung, ein Vorspringen über das Kommende hinaus. Kann man das auch für Heideggers eigenes früheres Werk sagen? In *Der Ursprung des Kunstwerks* beispielsweise ist von der Erde als Gegenstück zur Welt die Rede, während die Erde in *Sein und Zeit* noch nicht einmal erwähnt wird. Andererseits spricht Heidegger aber schon in Vorlesungen aus dem Jahr 1925 über die „Erde" als das, worauf unsere Welt, unsere Arbeit und unser Handeln aufruht (20,269–70). Die Erde befindet sich hier noch nicht im Streit mit der Welt, wie im späteren Text. Sie ist ein vertrauter, äußerer Teil unserer Welt, die halb kultivierte Natur der Weiden und Felder, auf denen wir unsere Kühe grasen lassen. Noch ist sie nicht, wie im *Ursprung des Kunstwerks*, die bedrohliche, feindselige, wenn auch unabdingbare Erde, der eine Welt erst zu entwinden ist. Das liegt aber sicherlich daran, daß in beiden Werken verschiedene Fragen gestellt werden. Der Begriff der Erde bleibt in Heideggers früheren Schriften unauffällig, aber er ist schon da und bereit, später eine bedeutsamere Rolle zu spielen. Das Werk des frühen Heidegger können wir uns vielleicht wie das Homerische Epos denken, aus dem sich dann die Tragödien und Tempel des späteren Heidegger herausentwickeln.

11. St. Martin von Meßkirch?

Heidegger ist vor allem Philosoph. Politik ist demgegenüber Nebensache. Aber wir können jene dunkle Episode in den frühen dreißiger Jahren, seine nazistische Verstrickung, auch nicht einfach vergessen. Was sagt sie uns über seine Philosophie? Und umgekehrt: Was sagt uns seine Philosophie über sein damaliges Handeln? Nun, nicht sehr viel.

Der Rektor

Im Jahr 1948 schrieb Heidegger an seinen früheren Schüler Herbert Marcuse: „zu 1933: ich erwartete vom Nationalsozialismus eine geistige Erneuerung des ganzen Lebens, eine Aussöhnung sozialer Gegensätze und eine Rettung des abendländischen Denkens vor den Gefahren des Kommunismus" (zitiert nach Ott 1992, 136). Einige Anhänger Heideggers rechtfertigen seine Entscheidung mit der Behauptung, der Nationalsozialismus sei seinerzeit die einzige Alternative zum Kommunismus gewesen. Weshalb aber den Nationalsozialismus dem Kommunismus vorziehen? Die moderne Welt, wie *Sein und Zeit* sie uns vorführt, ist aus den Fugen. Aber in *Sein und Zeit* gibt es wenig, was man eher als Votum für den Nationalsozialismus als für den Kommunismus oder etwa für einen entschlossenen Rückzug aus dem öffentlichen Leben auslegen könnte. Heidegger war ein Konservativer, der die Vielfalt und die Rangordnung der „Einebnung" und der Gleichmacherei vorzog, die er mit den Vereinigten Staaten und der Sowjetunion in Verbindung brachte. Er blieb auch nach seiner Enttäuschung vom Nationalsozialismus ein glühender Patriot und glaubte, daß sich in Deutschland das Schicksal des ganzen Westens entscheiden würde, wenn auch eher durch die deutsche Philosophie als durch deutsche Waffen. Aber andere Konservative und Patrioten wie Spengler oder Jünger widerstanden der Versuchung des Nationalsozialismus. Im nachhinein kann man fragen, ob der Nationalsozialismus nicht an sich, von innen heraus böse war. Man kann durchaus sagen: „Ich bin Kommunist, aber ich bin nicht für Schauprozesse und Zwangskollektivierung." Aber man kann kaum sagen: „Ich bin Nazi, aber ich bin nicht für den Antisemitismus und den Holocaust." Die Übel des Kommunismus sind zufällige, während die des Nationalsozialismus zu dessen Wesen zu gehören scheinen.

Vieles von dem, was heute Vergangenheit ist, war aber 1933 noch Zukunft. Hitler wurde 1924 für kurze Zeit wegen eines Putschversuchs in Bayern eingesperrt, und er lernte aus seinen Fehlern; 1933 war er legal an die Macht gekommen. Hitler war Antisemit, aber der Antisemitismus war damals noch längst nicht so tabu wie heute, da er einen Politiker oder eine politische Bewegung völlig untragbar macht. Damals träumte niemand (außer Hitler selbst) von der Auslöschung der Juden, und der Nationalsozialismus bot viel Anziehendes: ein Beschäftigungsprogramm für die Arbeitslosen, eine Entlastung von den Verwüstungen der Technik und des Kapitalismus, die Zurückweisung des Vertrags von Versailles, die Rückkehr zu traditionellen Werten („Familie"), einen Kult der Jugend. Worte, die heute im Deutschen alle Alarmglocken schrillen lassen – „Führer", „Volk", „entschlossen" – klangen 1933 so unschuldig, wie ihre englischen Gegenstücke noch heute. („Volk" bedeutet immerhin nicht „Rasse", und Heidegger war alles andere als ein Anhänger des biologistischen Rassismus.) Der Nationalsozialismus war damals noch nicht der einheitliche Block, als der er sich von heute aus darstellt. Wer weiß, fragt Heidegger 1945 in *Das Rektorat 1933/34 – Tatsachen und Gedanken,* was geschehen wäre und „was wäre verhütet worden, wenn um 1933 alle vermögenden Kräfte sich aufgemacht hätten, um langsam in geheimem Zusammenhalt die an die Macht gekommene ‚Bewegung' zu läutern und zu mäßigen?" Heidegger glaubte, Einfluß auf den künftigen Kurs des

Nationalsozialismus nehmen zu können. Heute, da wir wissen, auf welche Weise der Nationalsozialismus seine „wahre" Natur gezeigt hat, scheint das absurd. Aber 1933 sah das nicht so aus. Heidegger betrachtete den Nationalsozialismus von seinen Möglichkeiten her und nicht in seiner bloßen Wirklichkeit.

Wenn die Gedanken von *Sein und Zeit* Heidegger auch nicht zum Nationalsozialismus führten, hätten sie ihn nicht wenigstens gegen den Nationalsozialismus immun machen können? Nun, es ist sicher zu viel von einer Philosophie verlangt, uns vor den Machenschaften eines geschickt agierenden Politikers zu schützen, der aus seinen Fehlern die Lehren gezogen hat und ein meisterhafter Taktiker mit einem untrüglichen Gespür für den richtigen Augenblick war. Auch keine Ethik und keine Auflistung von Richtig und Falsch könnte das zuwege bringen. Keine Liste von früheren Schurken und Antihelden könnte uns hier helfen. Der wirkliche Schurke weiß, wie er in die Rolle des Helden schlüpfen kann, und es sind auch nicht nur Schurken, vor denen wir auf der Hut sein müssen: Man kann auch ganz gut ohne das Dazutun ausgemachter Schurken ins Unglück geraten. (Die Suche nach dem Schurken, den man für die Mißstände verantwortlich machen kann, gehört nicht selten schon zum Unglück dazu.) Die Philosophie kann uns vor alldem nicht unfehlbar schützen. Wie Heidegger sagt, leben wir auf eine Zukunft hin, die wir noch nicht kennen, und sind ohne unanfechtbare Führung auf dem Weg aus der Vergangenheit.

Der Denker

Wo steht Heidegger als Philosoph? Für viele seiner zentralen Gedanken ist er seinen Zeitgenossen und Vorläufern verpflichtet. In der Wende von der Epistemologie zur Ontologie ist ihm Nicolai Hartmann vorausgegangen. Die Idee des Daseins wurde in kritischer Auseinandersetzung mit Husserls Phänomenologie und Max Schelers philosophischer Anthropologie entwickelt. Die Begriffe der Existenz, der Angst und des Augenblicks stammen von Kierkegaard und von Jaspers. Heidegger selbst erkennt den Einfluß Diltheys und noch mehr den des Diltheyfreundes Yorck von Wartenburg auf seine eigene Geschichtsauffassung an (SuZ 397–404). Auch der Einfluß Spenglers, der den Griechen den Begriff des Seins als Gegenwart zugeschrieben und die Rolle des Schicksals in der Geschichte betont hatte, ist nicht zu unterschätzen und wird von Heidegger selten erwähnt.

Ist Heideggers Denken also bloß eine neuartige Verknüpfung von Ideen anderer? Ganz sicher nicht. Heidegger geht in seinem Denken viel weiter über seine Zeitgenossen und unmittelbaren Vorgänger hinaus: zurück bis zu den Griechen. Dies kapselte ihn gegen den direkten Einfluß seiner Zeitgenossen und einzelne Schulen oder Philosophen ab. So verfolgt er beispielsweise den Begriff der Angst nicht einfach bis Kierkegaard zurück, sondern zu Luther und Augustinus. Seine Sicht des Daseins als Sorge, behauptet er, sei entwickelt worden im Versuch „einer Interpretation der augustinischen – das heißt griechisch-christlichen – Anthropologie mit Rücksicht auf die grundsätzlichen Fundamente, die in der Ontologie des Aristoteles erreicht wurden“ (SuZ 199, Anm.). Ganz offensichtlich übernimmt Heidegger nicht ohne weiteres aktuelle Probleme und Ideen, ohne auf ihre tieferen Wurzeln zurückzugehen. Und praktisch immer prägt er den Anleihen seinen eigenen, charakteristischen Stempel auf und integriert sie in einen Zusammenhang, in dem die fremden Kontexte kaum mehr sichtbar sind. Überdies zahlt Heidegger in den meisten Fällen gleichsam seine Schulden zurück, indem er den Philosophen auslegt, der das Darlehen gab. Wieviel verdankt er Kant? Oder Aristoteles? Das ist nicht leicht zu sagen, denn er legt Kant und Aristoteles in Begriffen seines eigenen Denkens aus. Durch Heideggers Augen gesehen stehen Kant oder Aristoteles mindestens ebenso sehr in seiner wie er in ihrer Schuld. Seine Interpretationen anderer Philosophen sind in den meisten Fällen schwer zu akzeptieren, aber man vergißt sie auch schwer wieder, und wenn wir einmal der Heideggerschen Auslegung eines Philosophen begegnet sind, fällt es wirklich schwer, ihn gänzlich ohne Heideggers Blick zu lesen.

Ebenso schwierig, wie der Einfluß anderer auf Heidegger zu ermessen ist, ist sein eigener Einfluß auf andere genau zu erfassen. Oberflächlich betrachtet ist Heideggers Einfluß immens. Er erstreckt sich auf Theologen (Bultmann, Rahner, Tillich), Psychoanalytiker (Ludwig Binswanger), Literaturwissenschaftler (Emil Staiger) und Philosophen (Sartre, Merleau-Ponty, Lévinas, Ortega y Gasset, Gadamer, Derrida). Aber wie lange wird sein Einfluß währen? Wird Heidegger so lange überdauern wie Kant oder gar wie Aristoteles? Das ist schwer zu sagen. Es hängt von Geschehnissen ab, die wir nicht vorhersehen können, von dem, was andere, Philosophen und Nichtphilosophen, in Zukunft tun und denken werden, von dem, was sie mit, und dem, was sie ohne Heidegger tun werden.

Die Frage nach Heideggers Einfluß hängt auch noch von einer anderen Frage ab: Wie ist Heideggers Statur als Denker zu beurteilen? Auch diese Frage ist schwer zu beantworten. Heidegger hat nicht einfach Lösungen für Probleme vorgelegt, die andere Philosophen aufgeworfen haben, so daß wir seine Bedeutung an der Qualität und Haltbarkeit seiner Problemlösungen im Vergleich mit den Lösungen anderer messen könnten. Er stellt neue Fragen, Fragen, die er vielleicht nicht beantworten kann, die er aber für grundlegender hält als viele andere Fragen, die sich in einem abgesteckten Rahmen bewegen. Wie sollen wir also die Bedeutung seiner Fragen oder auch seiner Antworten beurteilen? Auch das wird nicht zuletzt davon abhängen, wie andere in Zukunft mit Heidegger umgehen werden. Die Frage nach Heideggers philosophischem Rang ist nicht scharf von der nach seinem Einfluß zu trennen. Ohne Zweifel aber war er ein kompromißloser, leidenschaftlicher Denker, der es unternommen hat, die Landkarte der Philosophie ganz neu zu entwerfen. Dabei war er ein ruheloser, gequälter Mensch, gequält nicht nur durch die Philosophie, sondern auch durch seinen zweideutigen christlichen Glauben. In dieser Hinsicht gleicht er niemandem so sehr wie Augustinus.

Literaturhinweise zum Weiterlesen

Die beste Darstellung von Heideggers Leben bietet Hugo Ott: *Martin Heidegger: Unterwegs zu seiner Biographie* (Frankfurt/M. 1992). Heideggers lebenslanger Freud H. W. Petzet zeichnet ein interessantes und einfühlsames Porträt in seinem Buch *Auf einen Stern zugehen. Begegnungen und Gespräche mit Martin Heidegger 1929–1976* (Frankfurt/M. 1983).

Ein guter Einstieg in die Lektüre von Heideggers eigenen Schriften ist die Beschäftigung mit seinen Vorlesungen, die generell leichter zugänglich sind als *Sein und Zeit.* Besonders empfohlen seien folgende Bände der Gesamtausgabe: *Prolegomena zur Geschichte des Zeitbegriffs* (GA Bd. 20); *Die Grundprobleme der Phänomenologie* (GA Bd. 24); *Metaphysische Anfangsgründe der Logik im Ausgang von Leibniz* (GA Bd. 26). Die Nietzsche-Vorlesungen (jetzt GA Bd. 6.1 und 6.2) bieten eine ansprechende und zugängliche Einführung in Heideggers eigenes späteres Denken.

Zu *Sein und Zeit* liegen mehrere gute Kommentare vor. R. Schmitt: *Heidegger on Being Human* (New York 1969) unterstreicht die Ähnlichkeiten zwischen Heidegger und Wittgenstein. H. L. Dreyfus: *Being-in-the-World: A Commentary on Heidegger's Being and Time, Division1* (Cambridge, Mass. 1991) stellt Heidegger dem von der Forschung zur Künstlichen Intelligenz entwickelten Modell des menschlichen Geistes gegenüber. Mit Gewinn läßt sich J. Richardson: *Existential Epistemology: A Heideggerian Critique of the Cartesian Project* (Oxford 1986) zusammen lesen mit L. Stevenson: „Heidegger on Cartesian Scepticism", in: *British Journal for the History of Philosophy* 1/1 (Februar 1993). Nützlich sind auch: M. Gelven: *A Com-*

mentary on Heidegger's ‚Being and Time‘ (New York 1970) und S. Mulhall: *Heidegger and Being and Time* (London 1996).

Eine Gesamtdarstellung von Heideggers Denken bietet Otto Pöggeler: *Der Denkweg Martin Heideggers* (4. Aufl. Stuttgart 1994). Hilfreich ist auch *The Cambridge Companion to Heidegger*, hrsg. v. C. Guignon (Cambridge 1993), dessen Beiträge die volle Breite seines Denkens im Ganzen abdecken. Das tut auch George Steiner: *Heidegger. Eine Einführung* (München 1989).

Eine umfangreiche, wenn auch philosophisch nicht sehr scharfsinnige Darstellung bietet Rüdiger Safranskis: *Ein Meister aus Deutschland. Heidegger und seine Zeit* (München 1994). Die Diskrepanzen und Grenzen seiner eigenen Philosophie werden gut von Dorothea Frede herausgearbeitet: *Heideggers Tragödie – Bemerkungen zur Bedeutung seiner Philosophie* (Göttingen 1999). Unzulänglichkeiten in der Argumentation stellt A. Graeser heraus: *Philosophie in „Sein und Zeit“. Kritische Erwägungen zu Heidegger* (Sankt Augustin 1994). Das politische Versagen ist Gegenstand des Buches von H. Sluga: *Heidegger's Crisis. Philosophy and Politics in Nazi-Germany* (Cambridge, Mass. 1993).*

* Die letzten vier Titel wurden von Professor Dr. Andreas Graeser ausgewählt.

Index

Menschen und Ideen, die unsere Welt verändert haben

Wilhelm Geerlings
Augustinus

Thomas Buchheim
Aristoteles

Martin Gessmann
Hegel

Klaus Fischer
Einstein

Michael Bordt
Platon

Vittorio Hösle / Christian Illies
Darwin

Anthony Stevens
C. G. Jung

Tom Sorell
Descartes

Ernstpeter Maurer
Luther

Anthony Kenny
Thomas von Aquin

C. C. W. Taylor
Sokrates

Richard Tuck
Hobbes

Stillman Drake
Galilei

Michael Tanner
Nietzsche

A. C. Grayling
Wittgenstein

Roger Scruton
Kant

Anthony Storr
Freud

Robert Wokler
Rousseau

Iring Fetscher
Marx